JN114136

杉原保史・宮田智基・畑中千紘・
樋口隆弘・鈴木優佳 編著

SNSカウンセリング・トレーニングブック

誠信書房

はじめに

SNSカウンセリング（SNS相談）は，LINE，Twitter，FacebookなどのSNS（Social Networking Service）を活用した心理支援の総称であり，テキストによるチャットでのカウンセリングを中心として，SNSのさまざまな機能を用いて行う心理支援のことです。

現在，グローバルな規模で，情報通信技術の活用によるビジネスモデルの変革が進んでいます。デジタルトランスフォーメーション（DX）とも呼ばれるこうした動きは，当然のことながら，カウンセリングという事業にも影響を与えています。その影響の現れとして，ウェブ会議システムを用いたカウンセリング，スマートフォンのアプリを活用したカウンセリング，アニメーションのアバターを用いたカウンセリングなど，情報通信技術を用いたさまざまな新しい形のカウンセリングが急速に発展しています。SNSカウンセリングもまたそのうちの一つであり，カウンセリングのデジタルトランスフォーメーションにおける重要な領域の一つであると言えます。

本書は，『SNSカウンセリング・ハンドブック』『SNSカウンセリング・ケースブック』に続くSNSカウンセリング・シリーズの第３弾で，SNSカウンセリングに携わる相談員のスキルアップを目的としたトレーニングブックです。

SNSカウンセリングは急速に社会に浸透したため，相談現場では相談員の確保が急務となりました。そのため，SNS相談の現場では相談員の育成が大きな課題となっています。良質のカウンセリングサービスを提供するためには，カウンセラーのトレーニングが非常に重要です。

トレーニングというと，初期研修が注目されがちですが，初期研修だけでなく，現場での実践と並行した継続的な研修も非常に重要です。カウンセラーのなかには，経験を積むにつれて現場慣れし，「特に問題なく対応できているし，これでいいだろう」と，自らの現状に満足してしまう人もいるようです。しかし，これまでになされてきた調査では，一般にカウンセラーには，自分の能力をかなり甘く評価する傾向があることが明らかになっています。

ワルフィッシュら（Walfish et al., 2012）の調査では，カウンセラーなどのメンタルヘルス専門職は，一般に自分の治療成績を高く見積もることが示されています。たとえば，同業者集団における自分の治療実績の順位はどのくらいだと思うかを尋ねた質問に対して，25％の人が上位10％に入るだろうと答え，下位50％に入るだろうと自己評価した人は１人もいませんでした。また，カウンセリングの経過中に悪化したクライエントの比率を尋ねた質問では，約半数の人が悪化したクライエントはいないと答えており，全員の答えの平均値は3.7％でした。ちなみに，実際にクライエントの悪化について調べたこれまでの調査では，悪化するクライエントの比率は5～10％であることが知られています（Lambert, 2010）。

さらには，多くのカウンセラーが，実践経験が長くなればそれに応じて対応力が高まると素朴に信じています。しかし，これまでになされてきた調査は，一貫してこの見解を否定しています。カウンセラーがクライエントにもたらす治療効果は，平均的には実践経験が長くなるにつれてむしろ低下するという報告さえあります（Goldberg et al., 2016）。

カウンセラーはこうした調査結果を謙虚に受けとめる必要があるでしょう。経験を重ねて相談現場に慣れてきても，自分のスキルの現状に満足せず，より効果的なカウンセリングを届けたいと願うモチベーションを維持し続けることが大事です。そして，直接相談に携わる時間の外で，積極的にスキルアップのトレーニングにコミットする時間を持ち，持続的に取り組むのです。

本書は大きく三つの部分から構成されています。第Ⅰ部「SNSカウンセリングの理解を深める」には，第Ⅱ部以降のより実践的な内容の理解を助ける導入的な講義として，三つの章が収められています。

第Ⅱ部は五つの事例検討です。それぞれの章で一つの相談ログが提示されます。その後，そのログにおける相談員の対応についての解説がなされます。読者には，自分だったらどう対応するだろうかと，想像しながら読んでいただきたいと思います。ただどんどん読み進めるのではなく，気になるところがあれば立ち止まって，じっくり考えてみてください。それぞれの相談ログにおいて数カ所，検討ポイントが設けられています。その部分については後に詳しく取り上げられますから，読み進む前に自分なりに検討してみてください。

第Ⅲ部は応答技法エクササイズです。さまざまな事例や特徴的な場面が取り上げられています。それぞれの箇所でどう応答するかを考えてみましょう。自由記述の解答欄と，４択の問題が用意されています。ここでも，すぐに選択肢の評価や解説を読まず，まずは自分でじっくり考えてみることが大切です。

本書には多くの事例が取り上げられています。これらの事例はいずれも，実際の相談に基づきつつ創作された架空事例であることをここでお断りしておきます。実際の相談事例を参考にしていますが，相談者のプライバシーに慎重に配慮し，相談者の特定につながりうる情報は伏せたり，抽象化したり，対話の流れを損なわないような仕方で置き換えたりしています。

相談者の方々には，相談にあたっての注意として，相談サービスの質的向上のため，また相談員の研修のために，個人が特定されないような形で相談内容を使用することがあることは事前に伝えています。そのことを踏まえたうえでなお，本書を執筆するに当たって多くの相談者の相談を参照させていただいたことに，ここで感謝を表明しておきたいと思います。すべての相談者の方々に，この場を借りてあらためてお礼申し上げます。

本書がSNS相談員のスキルアップに役立ち，ひいては相談者がSNSカウンセリングからさらに多くを得ることに寄与するよう，心から願っています。

2022年２月

杉原保史

【文献】

Goldberg, S. B., Rousmaniere, T., Miller, S. D., Whipple, J., Nielsen, S. L., Hoyt, W. T., & Wampold, B. E. (2016) Do psychotherapists improve with time and experience? : A longitudinal analysis of outcomes in a clinical setting. *Journal of Counseling Psychology*, **63** (1), 1-11. [https://doi.org/10.1037/cou0000131]

Lambert, M. J. (2010) Yes, it is time for clinicians to routinely monitor treatment outcome. In B. L. Duncan, S. D. Miller, B. E. Wampold, & M. A. Hubble (Eds.), *The heart and soul of change: Delivering what works in therapy. 2nd ed.* American Psychological Association, pp. 239–266. [http:// dx.doi.org/ 10.1037/ 12075-008]

Walfish, S., McAlister, B., O'Donnell, P., & Lambert, M. J. (2012) An investigation of self-assessment bias in mental health providers. *Psychological Reports*, **110** (2), 639-644. [https://doi.org/10.2466/02.07.17.PR0.110.2.639-644]

目　次

第Ⅱ部　事例検討

第Ⅲ部　応答技法エクササイズ

第9章　エクササイズ――基本編――144

第Ⅰ部

SNSカウンセリングの理解を深める

SNSカウンセリングのいま

[杉原保史]

1．はじめに

(1) デジタルトランスフォーメーションのなかのSNSカウンセリング

近年，さまざまな場面でデジタルトランスフォーメーション（DX）という言葉を目にすることが増えてきた。DXとは簡単に言うと，情報通信技術を用いることで，顧客や社会のニードに沿って製品やサービスやビジネスモデルを変革することであり，さらには業務そのものや組織，プロセス，企業文化・風土までをも変革することである。2018年12月に，経済産業省が「DX推進ガイドライン」をまとめていることからもわかるように，現在，DXの推進は国としての重要な取り組み事項なのである。

DXは，より大きく見れば，第４次産業革命とも呼ばれる大きな社会変革の一翼を担う動きでもある（表１-１）。蒸気機関の発明が社会のあり方を大きく変えたように，内燃機関や電気の利用が社会のあり方を大きく変えたよ

表１-１　産業革命の段階

第１次産業革命：18世紀半ごろ 蒸気機関
第２次産業革命：20世紀初頭 内燃機関（自動車・飛行機），石油，電気
第３次産業革命：1940年ごろ トランジスタ，コンピューター，電子機器
第４次産業革命：現在 IoT（Internet of Things），ビッグデータ，人工知能（AI），ロボット

うに，現在，高度の情報通信技術が社会のあり方を根底から変えつつある。

経済産業省のホームページには次のような文章が見られる。

> 「あらゆる産業において，新たなデジタル技術を使ってこれまでにないビジネスモデルを展開する新規参入者が登場し，ゲームチェンジが起ころうとしています」 （経済産業省，2021）

ここに「あらゆる産業において」とあるように，カウンセリングもまた，こうした社会の変化と無関係ではありえない。DXを無視していては，カウンセリングは社会から取り残されてしまうだろう。どれだけ素晴らしいカウンセラーでも，社会で標準的に用いられている情報通信技術を用いていなければ，カウンセリングを切実に必要としている潜在的なクライエントに届くことはないだろう。大きな社会の変化とともに駅の伝言板がなくなり，和文タイプライターがなくなり，レコード店がなくなり，レンタルビデオ店がなくなったように，DXを無視し続けていれば，アナログオンリーのカウンセリングも絶滅の危機に瀕することだろう。

こうした状況のなかで，情報通信技術を用いたカウンセリングが今，急速に発展している。オンライン・カウンセリングとかウェブ・カウンセリングなどと呼ばれる，遠隔の心理支援（テレサイコロジー）がそれである。アニメーションのアバターを用いたカウンセリングも登場している。カウンセリング関係のアプリもどんどん増えている。カウンセリングの世界においても，DXが力強く進行しているのである。

SNSカウンセリングは，大きく見るとカウンセリングのDXの流れのなかで生じてきたものであり，その最もホットな領域の一つである。

⑵　SNSカウンセリングの現状

SNSカウンセリングは2017年に，中高生を対象としたいじめ対策と自殺予防の試験的な相談事業からスタートした。その後，いじめ，自殺予防，メンタルヘルス，児童虐待，子育て，DV，性暴力，引きこもり，性的マイノリティなど，あらゆる相談事業がSNSで行われるようになってきた。しかも，SNSで相談を受け付けたところ，従来の対面や電話による相談の数倍，十数倍，あるいはそれ以上に上る件数の相談が寄せられたという報告が，至るところから上がっている。

SNSカウンセリングは登場して数年しか経っていないが，急速に社会に広がり，幅広い領域で日々安定的に運用されている。SNSカウンセリングは初期の試験的な段階は通り過ぎ，すでに十分に実用的な運用段階に入ったと言える。言い換えれば，この数年の短い期間にSNSカウンセリングは，もはや心理支援において無視できない一つの重要な分野として確立されたのである。しかし，そうは言っても，心理支援の専門家の間で，SNSカウンセリングの可能性や意義がよく理解されるようになったというわけでは決してない。そこに至る道のりは，まだまだ遠いと言わねばならない。

心理支援においては伝統的に，自発的に来談するクライエントを専門家が相談室で待ち，対面して支援するスタンスが基本となってきた。このスタンスに基づく相談は，明確な問題意識がある，自らの変化のために行動する意思がある，経済的余裕や時間的余裕がある，不自由なく移動できるなど，相談室への来談を可能にする多くのリソースを兼ね備えたクライエントが主な対象となっている。

そうしたクライエントへの支援が重要であることは言うまでもない。しかし，こうしたクライエントが心理支援を必要としている人たちのすべてではないということを，よく理解しておくことが重要である。ある報告によれば，心理支援の対象となる問題を抱えた人たちのうち，おおよそ4割は明確な問題意識を持っていないという（Krebs et al., 2019）。当然のことながら，こうした人たちが自ら進んで相談室を訪れることは少ない。自殺を既遂した人たちのなかには，専門的な支援を求めることなく既遂に至るケースが多いという知見もある。

以上を踏まえると，心理支援の専門家は，問題を抱えた人たちが自ら相談室に足を運ぶのを待つだけでなく，それらの人たちに歩み寄り，少しでも相談しやすい方法を模索する必要があると言える。SNSを利用した相談は，まさにそうした模索の一環として近年スタートした，新しい形のカウンセリングなのである。

本書は，『SNSカウンセリング・ハンドブック』『SNSカウンセリング・ケースブック』に続く，誠信書房のSNSカウンセリング・シリーズの３冊目である。本書の読者には，すでにSNSカウンセリングについての基礎知識を持っている人が多いことであろう。しかしなお，本書で初めてSNSカウンセリングに触れるという人もいるかもしれない。そこでまず，SNSカウンセリングの基本について，ごく簡単におさらいしておくことにしたい。学習が進んでいる読者にとってはすでに知っていることばかりかもしれないが，改めて確認しておくぐらいのつもりでお読みいただければと思う。

そのうえで，SNSカウンセリングの最近の動向について述べる。そこでは，まず新型コロナウイルス感染症の影響を取り上げる。その後，自治体による，主に中高生対象のSNS相談事業における最近の傾向やトピックを紹介したい。最後に，現時点におけるSNSカウンセリングの課題について考えてみたい。

2．SNSカウンセリングの基本

(1)　SNSカウンセリングの特徴

最初に，SNSというコミュニケーション手段に由来する，SNS相談の特徴について見ていこう（表１-２）。紙幅の都合もあり，これらの項目のすべてを詳しく説明することはできないので，主なものについて説明していくことにする。

SNS相談は文字によるやり取りが中心であり，非言語情報がほぼ得られない。それゆえ，応答には，後に述べるようなさまざまな工夫が必要になる。またSNS相談では，声を出さずに，スマホなど個人が所有するデバイスから相談できるため，周囲に人がいても気づかれずに相談できる。

写真や動画のやり取りが簡単にできるという特性もある。リストカットした相談者から，腕の傷の写真が送られてくることがある。また，過量服薬し

表 1-2　SNSカウンセリングの特徴

・文字だけによる相談であり，非言語情報のやり取りがほぼできない。
・生活のなかで，周囲に気づかれずにアクセスできる。
・写真や動画のやり取りが簡単にできる。
・ネット上の情報（アセスメントツールや心理教育教材など）を簡単に活用できる。
・相談者の相談履歴が即座に参照できる。
・特定の相談者にメッセージを送信しても，侵襲的になりにくい。
・友だち登録者に向けて，一斉に情報発信が可能である。
・すべてのやり取りが，ログとして電子的に記録される。

た相談者に，薬のパッケージの写真を送ってもらうこともある。

SNS相談では，必要に応じてネット上にある，うつやストレスの簡易的なチェックリストのリンクを相談者に送り，回答してもらうことができる。そのうえで，結果を見ながら相談を進めることができる。

相談に用いられているシステムにもよるが，同じ端末からの相談は即座に画面に呼び出せるため，匿名であっても過去の相談履歴を参照しながら相談を進めることができる。なおその場合は，あらかじめ相談者から，それまでの相談の記録を読ませてもらう許可を得ることが必要である。

(2)　SNSカウンセリングのメリット

次にSNS相談のメリットを見ていこう。SNS相談の最大のメリットは，その敷居の低さにある。SNS相談においては，従来の形態の相談よりもずっと多くの相談が寄せられる。

SNS相談では，対面や電話では打ち明けづらいような内容の相談でも，打ち明けやすいことが知られている。いじめ，パワハラ，セクハラなどの被害に遭っている人たちは，それを認めること自体を屈辱的に感じたり，相談すると大ごとになると恐れたりして，なかなか相談してくれないものである。SNS相談では対面の相談以上に，いじめ，パワハラ，セクハラの相談が多く寄せられる。

SNS相談では，性的指向，性自認，性表現などに関する相談も，対面や電話での相談以上にたくさん寄せられる。SNS相談では，これまで誰にも言えずに一人で悩んでいたけれども，性的指向，性自認，性表現などに関する悩みを初めて話せたという声を聞くこともしばしばある。

さらには，SNS相談は，周りに知られずに相談したいという多くの相談者のニードによく適合する。たとえば，虐待されている児童が，虐待する親がいる自宅から相談してくることがある。電話相談ではまず起きないことである。

その敷居の低さゆえに，SNS相談には幅広く多様な相談が寄せられる。たとえば中高生を対象とした相談事業では，恋愛の悩みや部活動の悩み，進路の悩みなど，スクールカウンセリングや教育相談などの対面の相談ではあまり出会わないような，健康度の高い生徒からの悩みの相談がある。他方では，精神科の治療を受けていてもなかなか気持ちが安定しない，複雑で深刻な問題を抱えた生徒からの相談もある。また，特に精神医学的な問題はないけれども，家庭環境や友人関係に恵まれない孤独な生徒たちが，ひとときの話し相手を求めてアクセスしてくることもかなりある。スクールカウンセラーの経験があるSNS相談員は，これまで学校の相談室で出会っていた生徒は，悩んでいる生徒のごく一部だったのだとわかったという感想を述べている。

他にもSNS相談にはさまざまな特徴がある。ここでは，従来の相談と比べて利点となるような特徴を中心に述べたが，制約となるような特徴ももちろんある。詳しくは関連他書を参照してほしい。

(3)　応答技法上の工夫

SNS相談は文字を用いた会話である。同じ会話ではあっても表情やジェスチャーなどが伴わないし，音声も伴わないため，対面や電話での会話とは違う性格のものである。対面の心理支援を行っている心理支援者が，普段と同じやり方のまま，ただそれを文字にして打ち込むだけではうまくいかないことが多い。

その理由は主に二つある。一つは，SNS相談ではやり取りに非言語情報が伴わないからである。もう一つは，SNS相談では，対面の相談ではあまり出会わないような層の相談者も多いからである。

①非言語情報がないことへの対応

普段は声の抑揚やトーン，表情やジェスチャーで伝えている非言語情報のうち，重要な治療的メッセージは，SNS相談では，はっきり言葉にして伝える必要がある。モニターの前でいくら表情豊かに反応しても，相手には伝わらない。驚いたときには「そんなことがあったんですね。驚きました」，安心したときには「それを聞いて安心しました」などと，明確に言葉にして表現する必要がある。

また，SNS相談では対面の相談よりも，積極的に質問していくことが必要である。対面の相談では，現前する心理支援者の身体的存在そのものが，相談者がつらい話や不安を帯びた話をすることへのサポートとなっている。だから，ただうなずきながら聞くだけで，相談者は話し続けてくれる。しかしSNS相談では，単に「なるほど」などと返すだけでは，相談者の返信は滞りがちとなる。「そうなんですか。それでその後どうなったんですか？」「なるほど。それで，そのときあなたはどう感じていたんでしょうか？」といったように，積極的に質問していくことが必要である。適切な質問をしていくことで，心理支援者が相談者の悩みに関心を抱いていることを伝えるのである。

とはいえ，矢継ぎ早に情報収集的な質問ばかりを繰り出していけばよいというわけではない。SNS相談では文字情報だけしか得られないため，相手の状態がわかりにくく，相談員はつい質問をしたくなってしまうことが多い。連続して質問ばかりしていると，取り調べのようなやり取りになってしまう。

しかし，SNS相談でも，基本となるのは受容的な傾聴である。相談者が安心して十分に自分の気持ちや思いに触れ，それを豊かに表現できるよう助けること，そしてそれを相談員に受け入れられる体験をもたらすことを心がけたい。質問が連続したら，「～なんですね」とそのまま受けとめる反射や，こちらの理解したことをまとめて伝える要約を返すことが有用である。

ただし，おうむ返しの反射は，単独で頻回に用いないほうがよい。対面や電話の相談では，多くのカウンセラーが，相手のキーワードをそのままおうむ返しにする反射を日常的によく用いている。おうむ返しは，共感的な音声や表情を伴うときには効果的だが，文字だけでなされると単に同じ意味の繰り返しになってしまい，非常に冗長になってしまう。しかも，消えていく音声とは違い画面上に文字が残るSNSでは，同じ言葉が画面上に並んで表示されるため，冗長度はさらに高まる。それゆえ，おうむ返しの単独使用は相談者をイライラさせてしまいがちである。おうむ返しは単独では用いず，「～なんですね。それでそのときあなたはそう感じながら，相手に何て言ったんですか？」というように，質問と組み合わせるほうが効果的である。

②対象者の違いに適応する

SNS相談では，対面相談ではあまり出会わないような層の相談者としばしば出会う。日常的で，誰もが抱くような健康的な悩みの相談がある。情報や助言，現実的介入を求める実際的な相談もある。なかなか建設的な対話になりにくい，重い病理を抱えた相談者からの相談がある。孤立している相談者が寂しさを抱え，ただひとときの話し相手を求めてアクセスしてくることもある。

対面相談には現れないような相談者に対して，対面相談と同じ仕方で対応していてはうまくいかない。心理支援者はそうした対象者の違いをアセスメントし，そこに適合しなければならない。

3．SNSカウンセリングに関わる最近の動向

SNSカウンセリングは実践されるようになってから日が浅く，発展途上であるため，多方面にわたって新しい動きが日々さまざまに生じている。ここではそのなかでも大きな動向として，新型コロナウイルス感染症の影響と，自治体による中高生向けのSNS相談における最近の傾向やトピックを取り上

げる。

(1)　新型コロナウイルス感染症の影響

2020年以降，新型コロナウイルス感染症（COVID-19）の世界的な流行（コロナ禍）は，社会全体のメンタルヘルスに重大な影響を与えている。

自粛生活やソーシャル・ディスタンシングは，多くの人に「コロナうつ」や「自粛疲れ」をもたらした。またコロナ禍は，多くの分野において経済活動にブレーキをかけ，格差社会における弱者に決定的な経済的打撃をもたらした。リモートワークや遠隔授業などにより，家族全員が長時間在宅で過ごすことが増えた緊急事態宣言下の自粛期間に，虐待やDVが増加したことが各種統計によって明らかにされている。また，コロナ禍で経済的に困窮した女性たちや少女たちによる「パパ活」が活発化し，援助交際相手を探すツイートが増えているという。

これらを反映して，2003年をピークに下がり続けていた日本の自殺者数は，2020年の７月以降，再び増加に転じている。こうした状況を背景に，2021年２月，国は「孤独・孤立対策」担当大臣を新設した。孤独・孤立対策担当大臣は，SNSを効果的に活用した相談支援などを対策の柱として検討する考えを表明している。

コロナ禍はまた，カウンセリングの実践のあり方にも重大な影響を与えている。国は流行の波が高まるたびに緊急事態宣言を発出し，密閉・密集・密接の三つの密を避けることを国民に強く要請した。そのため，多くの相談機関において，対面での相談が通常のようには実施できなくなった。そのことは，SNSカウンセリングを含む遠隔カウンセリングの普及を，急速に押し進めたと言える。

しかし，こうした遠隔カウンセリングの広がりは，あくまで対面のカウンセリングができないからという消極的な理由に基づくところが大きい。カウンセラーの間で，遠隔カウンセリングは対面のカウンセリングの貧弱な代替品であるという見方は，今なお根強いように見える。こうした見方を脱却しない限り，現在広がりを見せている遠隔カウンセリングも，コロナ禍の収束とともに下火になってしまう可能性が高いだろう。

その一方で，この状況下で初めて遠隔カウンセリングを行ったカウンセラーから，「やってみたら意外に使えることがわかった」という声を聞くことも多い。学校関係者から，緊急事態宣言を受けて学校が休校となったことが，SNS相談の意義をあらためて見直すきっかけとなったという話を聞くことも増えている。大学においても，全面オンライン授業となった際に学生同士の交流を支える手段として，ZoomやTeamsなどのビデオ通話による交流会の開催に加えて，twitter，discord，slackなどのSNSがしばしば活用されている。

これと関連して，2020年の４月，緊急事態宣言下において全国大学生活協同組合連合会の広報調査部が，大学生を対象として行ったWebアンケート調査のなかの１項目が注目される。約３万５千人の学生が回答したこの調査のなかに「相談できる人との情報交換・相談事には何を使いますか？」という質問がある。この質問に対する回答が図１-１である。若年層において遠隔通信の主な手段は，電話でもメールでもなくSNSになっているということはすでに知られていたことだが，この結果はそれを再確認するデータである。コロナ禍においてSNS相談の役割が，いっそう重要になっているということを示唆するものでもあろう。

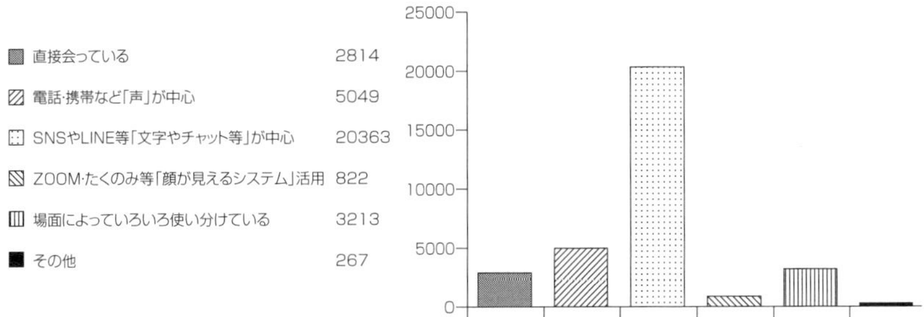

図１-１　コロナ禍の自粛期間に大学生が悩みを相談するときのコミュニケーション方法
（全国大学生活協同組合連合会広報調査部，2020）

⑵　自治体による中高生向けのSNS相談の動向

近年，日本の若年層の自殺は増加傾向にあり，深刻な問題とされている。さらにコロナ禍の影響もあり，2020年度には児童生徒の自殺件数が前年比で約４割増で過去最多となった。なかでも，女子高生の自殺は前年のほぼ２倍と急増した。中高生向けの自殺予防の必要性はいっそう増しており，そのなかでSNSカウンセリングにもこれまで以上の期待が寄せられている。

①文部科学省の施策の動向

文部科学省は，2018年度から毎年約30の自治体で試行実施されてきた児童生徒向けのSNS相談事業を，2021年度からは全国展開した。すなわち，国の補助対象を全47都道府県・20政令指定都市に拡充した。

また，文部科学省は2019年に初等中等教育における「GIGAスクール構想」を打ち出し，教育におけるICTを基盤とした先端技術等の効果的な活用を推進している（文部科学省，2019）。この取り組みは，新型コロナウイルスの感染拡大を受けて一気に加速した。2021年度は「GIGAスクール元年」と称され，全国の小中学校において一人一台のタブレットまたはPCが貸与される体制が本格的にスタートする。

こうしたタブレットなどの端末は当初，学校で教科教育の時間に利用されることが想定されていた。しかし，コロナ禍で休校措置も生じるなかで，貸与された端末を用いて自宅からの遠隔相談がなされるケースも出てきている。これらの端末を，教科教育だけでなく，生徒指導・生活指導，教育相談，スクールカウンセリングなどで利用することも，今後，検討されていくものと思われる。

②短期集中型から分散継続型へ

自治体による中高生対象のSNS相談事業は，2017年にスタートした当時は，長期休み明けの始業式を挟む数週間に集中的に実施される短期集中型のものが多かったが，近年は週に１～２日の相談を年間を通じて継続的に実施する分散継続型が増えてきている。また，週１日を年間継続し，それに加えて長期休み明け前後に短期集中的に増設する方式も登場している。

③対応率の上昇

2017年の長野県の「ひとりで悩まないで@長野」では，相談対応数／時間内相談アクセス数は547件/1,579件で，対応率は35％であった。つまり，相談時間内にアクセスしてきた児童・生徒のうち，実際に相談につながったのは35％だけだったのである。近年，対応率は全般的に高まってきており，相談開始の初日から数日はアクセスが多くて全件対応できないことがあるにしても，数日以内には全件対応できるようになることが多くなっている。そして，アクセス件数が少ないようであれば，友だち登録者に向けて一斉に相談を呼びかけ，相談件数を調整することが標準的になってきている。

④SNSピアサポート

これまでのSNS相談の多くにおいては，相談を受けるのはカウンセリングの訓練を受けた相談員であることが多かった。しかし，なかにはプロのカウンセラーではなく研修を受けた大学生など，頼りになるお兄さん・お姉さんのような存在が相談を受けたり，話し相手になったりする相談事業も見られる。さらには，児童・生徒の相談に対して児童・生徒が答えるという新たな試みも登場している。

熊本市教育委員会のSNSを活用した心のケア相談「ほっとらいん」では，通常のSNS相談に加えて，登録している他の児童・生徒の意見を聞けるサービスも提供されている。他の児童・生徒の意見を聞きたい相談者は，「みんなに相談」というボタンをタップして悩みを書き込む。登録している他の子どもたちはその悩みを読むことができ，意見を書き込むことができる。令和２年４月20日～令和３年１月９日までの実施期間の間に282件の相談が寄せられ，うち274件が公開され，810件の回答が寄せられたという（熊本市，2021)。

プロのカウンセラーによる支援ではなく，同じ立場の仲間による支え合いはピアサポートと呼ばれる。これらはSNS相談におけるピアサポートの試みである。

4．SNSカウンセリングの課題

SNSカウンセリングは，事業としてはこの数年間で大きく成長した。しかし，SNSカウンセリングの実践そのものがどれほど発展したかについては何とも言えない。SNSカウンセリングの実践は，なお多くの課題を抱えながらその事業の規模ばかりが拡大しているとも言える。

SNSカウンセリングは学術的な研究が少ない。SNSカウンセリングは相談のプロセスがすべてログデータとして残されるのであるから，その利点を活かしてもっと研究され，学術的に検証されることが望まれる。現状では日々，膨大なSNS相談のログデータが生み出されているが，それらの大半は単に封印されて保管されている。封印しておけば秘密が漏れるリスクがなくて安心かもしれない。しかし，これらのデータを分析すれば，相談者の理解を深めることができるかもしれない。効果的な支援方法を開発できるかもしれない。相談員の相談技術を高めることに役立てられるかもしれない。匿名化して相談者のプライバシーを守りながら，研究や訓練に活用できるようにする仕組みが求められる。

相談員の受けてきた訓練や現場経験などにはかなりのばらつきがある。その結果，総合的な相談能力にもかなりのばらつきがある。初期の頃は，対面のカウンセリングの経験のあるカウンセラーが相談員になっていた。現在は，対面のカウンセリングの経験がなく，最初からSNS相談でスタートする相談員も出てきている。相談員の知識やスキルは一層多様化している。あまりにばらつきが大きいと現場のコントロールが難しくなる。現場で有効に機能する相談員を育成するためのより効果的な訓練システムや，相談員の士気を高め，さらに実力を高めていくための継続的な研修システムの開発も必要である。

多くのSNS相談の現場には，主任相談員（スーパーバイザー）が置かれ，相談員の指導に当たっている。主任相談員は相談現場の監督者として相談員のサポートを行いながら，相談が適切に行われるよう管理しなければならない。主任相談員の役割はまだ十分に整理されているとは言い難く，相談員との間で摩擦が生じることもしばしばである。

他にも多くの課題があるが，以下においてはそのなかで，中高生を対象としたSNS相談事業における関係者との連携に関する課題と，対面からSNSまでを含む多様なコミュニケーション方法を組み合わせた統合的なカウンセリング・モデルの確立に向けての課題について述べる。

(1)　中高生を対象としたSNS相談事業における連携の強化

中高生を対象としたSNS相談事業の多くは，自治体の教育委員会が事業主体となり，相談業務を行う事業所に委託する形で実施されている。教育委員会が主体となって実施されているSNS相談事業においては，SNS相談を，教育現場における生徒指導や教育相談，養護教諭やスクールカウンセラーによる相談や援助とうまく連携させて，「チーム学校」として効果的な援助を展開していくことが重要な課題となる。特に，SNS相談でいじめの被害が具体的に語られた場合，教育委員会は学校現場での見守りや働きかけを視野に入れて，対応を検討する必要がある。その際，特に注意が必要になるのが，相談で得られた情報の取り扱いである。

SNS相談員は，相談者である児童・生徒の希望を丁寧に聞き取り，必要あるいは有効と判断された場合には，教育委員会や学校と情報共有して対応を進めることをその相談者に提案する。通常は相談者の同意を得たうえで，無理のないように情報共有を進める。緊急性が高く深刻な場合には，同意が得られずとも情報共有することもありうる。

こうした連携を有効に行うためには，相談を行う事業所，教育委員会，学校現場の関係者の間で情報共有のルールを事前にしっかり取り決め，関係者のすべてがルールに沿って行動できるようにしておくことが必要である。相談してくれた児童・生徒が，勝手に秘密をばらされた，裏切られたなどと感じて傷ついてしまうことがないよう，細心の注意を払うことが求められる。

(2) テクノロジーを活用した統合的なカウンセリング・モデル

最後に，カウンセリングの領域全体を見渡すような，もっと大きな視点に立った課題を検討してみたい。

初期のSNS相談においては，「SNSを用いて，いかに対面の心理カウンセリングに近い支援ができるか」という問いが主に追究されてきた。そこでは，あくまで対面のカウンセリングを理想のモデルとして，どのようにしてSNS相談をそこに近づけられるかという発想から，対応上の工夫が検討されていた。現在，あらためてSNS相談の課題について考えてみると，それは「SNSその他のテクノロジーをどのように使って，新しい効果的な心理学的支援をデザインできるだろうか」という問いであるように思われる。そこでは，従来の対面のカウンセリングを理想のモデルとする発想を捨て去り，むしろ従来のモデルに縛られない新しいモデルの構築が目指されている。

大きな視点から見れば，SNSカウンセリングは，カウンセリングの実践におけるテクノロジー利用の一つの形であるにすぎない。SNSに限らず多様なテクノロジーを活用することで，カウンセリングの実践をより効果的なものにしていける可能性がある。冒頭で触れたDXが強調しているのも，そうしたイノベーションに他ならない。

一つの例として，通常の対面のカウンセリングで，クライエントにリラクセーションの呼吸法のホームワークを出す場合について考えてみよう。こうした場合，通常，面接中に呼吸法を指導し，そのうえでやり方や注意点をまとめた紙のハンドアウトを渡して，次に来るまでに家でやってみるよう伝えるというのが普通だろう。

最近，私が見出したのは，そのように紙のハンドアウトを渡すよりも，クライエントのスマホにメールでその内容を送信したほうが効果的だということである。メールの本文に文字で説明を書くのに加え，呼吸法を実演しているYouTubeの動画のリンクを貼り付ける。さらに，呼吸法を補助するスマホのアプリのダウンロード先リンクを貼り付ける。面接中に呼吸法を誘導する際にカウンセラーの音声を録音しておき，その音声ファイルを添付して送ることもできる。クライエントはスマホでメールの本文を読むとともに，動画のモデルを見て学習を深め，アプリのガイドに合わせて，あるいは面接中の私の誘導音声を聴きながら，呼吸法を練習するのである。

SNSカウンセリングの発展は，SNSカウンセリングという実践形態の内部の発展にとどまるものである必要はない。SNSカウンセリングの発展が，カウンセリングにおけるSNSその他のさまざまなテクノロジーの活用を推進するものとなることが期待される。今後は，SNS，メール，音声通話，ビデオ通話，訪問支援，相談機関での対面の面接といった，複数のコミュニケーション・モードをどのように行き来しながら相談活動を展開するのが効果的かを研究していく必要がある（図 1 - 2 参照）。多様なコミュニケーション・モードそれぞれのメリット・デメリットを理解し，クライエントのニードや生活条件に合わせて使い分け，組み合わせることにより，より効果的な心理支援を構築することこそ，今，我々に課されている課題であろう。

それに加えて，随時，ホームページや動画サイトで良質の心理教育的なコンテンツを発信してクライエントに役立ててもらうこと，また，相談に役立つスマホのアプリやパソコンのソフトを補助的なツールとして用いることの可能性も，もっと研究される必要がある。現在，睡眠の状態を記録するアプ

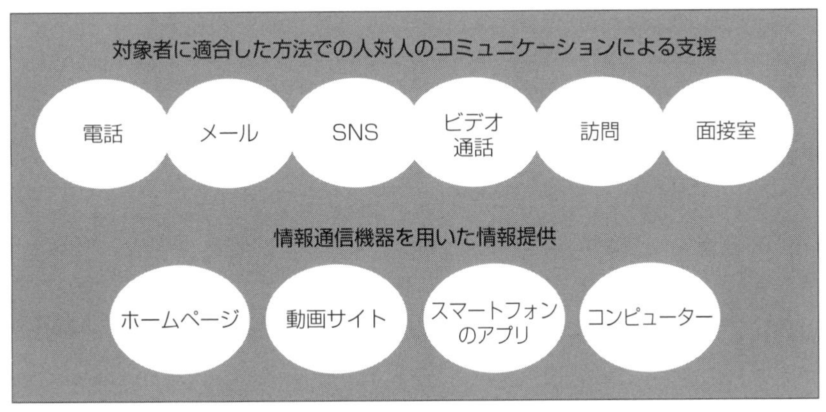

図 1 - 2　情報通信技術を活用した統合的なカウンセリングのモデル

りや，ＧＰＳを利用して行動の軌跡を自動的に記録するアプリ，呼吸法や瞑想をガイドするアプリ，感情を入力して記録するアプリなど，カウンセリングで活用可能なさまざまなアプリが存在している。コンピューターを活用した認知行動療法もある。

もちろん，テクノロジーを使うこと自体が目的になってしまっては本末転倒である。対面でないとできないこともたくさんある。瞬間，瞬間の微妙な表情や体の反応を通して交流することなしにはできない支援もある。たとえば，催眠誘導をメールだけで行うことはできない。支援の方法と，コミュニケーションの方法，補助的に活用可能なテクノロジーの組み合わせについての研究が必要である。そうした研究の積み重ねから，新しいより効果的な支援が切り拓かれていくことを期待したい。

【文献】

経済産業省（2021）産業界におけるデジタルトランスフォーメーションの推進．［https://www.meti.go.jp/policy/it_policy/DX/DX.html］（2022年１月16日アクセス）

Krebs, P., Norcross, J. C., Nicholson, J. M. & Prochaska, J. O. (2019) Stages of change. In J. C. Norcross & B. E. Wampold (Eds.), *Psychotherapy relationship that work. Vol.2. Evidence-based therapist responsiveness. 3rd ed.* Oxford University Press. ［Kindle版 chapter10］.

熊本市（2021）SNSを活用した悩み相談等事業「ほっとらいん」報告．［https://www.city.kumamoto.jp/common/UploadFileDsp.aspx?c_id=5&id=27659&sub_id=21&flid=235259］（2022年１月16日アクセス）

文部科学省（2019）GIGAスクール構想の実現について．［https://www.mext.go.jp/a_menu/other/index_00001.htm］（2022年１月16日アクセス）

杉原保史・宮田智基（2018）SNSカウンセリング入門――LINEによるいじめ・自殺予防相談の実際．北大路書房

杉原保史・宮田智基編著（2019）SNSカウンセリング・ハンドブック．誠信書房

杉原保史・宮田智基・畑中千紘・樋口隆弘編著（2020）SNSカウンセリング・ケースブック――事例で学ぶ支援の方法．誠信書房

全国大学生活協同組合連合会広報調査部（2020）緊急！大学生・院生向けアンケート　大学生集計結果速報．［https://www.univcoop.or.jp/covid19/enquete/pdf/link_pdf02.pdf］（2022年１月16日アクセス）

コラム①――吟味しながら思いを馳せつづけること

［内藤みなみ］

私たちSNSカウンセリングの相談員が，相談者である子どもたちに関わることができるのは，彼ら彼女らの人生全体のうちごくわずかにすぎません。SNSを用いることで相談の垣根が低くなるという利点がある一方で，直接顔を合わせないため，表情や雰囲気，ニュアンスが非常にわかりづらいという制限もあります。私は当初，その制限の側面に圧倒される気持ちがありました。そのようなSNSカウンセリングにおいて，私たちは一体どのような営みを目指すのがよいのでしょうか。

現代の子どもたちを取り巻く環境は複雑化しており，大人が介入しても解決が難しいものばかりです。そして子どもたちは自分の困りごとの大きさや複雑さに圧倒され，抱えきれず，自らを傷つけることも少なくありません。そのような子どもたちを見るたび胸が痛みますが，彼ら彼女らには共通点があると私は感じています。

それは，その子の困り感がこれまで周りの人に拾われず，スルーされ続けてきたことです。一見すると笑顔で明るく過ごしているようでも，それは外向きの顔であり，心の内では生きづらさを感じているかもしれません。それを大人から気づかれず，この子は大丈夫だと思われてきたか，この子は気になるなと思われながらもよい支援につながれる機会がなかったか，いろいろなパターンはあるでしょう。しかし，いずれにせよ，その子たちの困っている感覚が周りに拾われてこなかった，これは私たち大人が危惧すべき点だと思います。

心理支援をする者として，そのような子どもたちにさまざま関わりたいと思いますが，どのような相談形態でも特有の利点がある一方で制限はあります。それは上述のとおりSNSカウンセリングも同様であり，それらを踏まえたうえで最も大切なこととは，私は「その子の本当の困り感を“ない”ことにしない」ことだと考えます。

言葉で見ると簡単なようですが，実践は困難なことでしょう。なぜなら，本当の困り感は簡単に表には出てこないからです。むしろ，簡単には出てこないからこそ，周りに拾われてこなかったと言えます。それを支援者がキャッチするには，「出てきていないかもしれない本当の困り感はなんだろう」と，こちらが能動的にとらえにいく必要があります。

しかし，私たちの普段の生活では，そのような姿勢で相手に注意を向け続ける習慣はありません。私たちが相手の思いに気づく機会は，概して自分に言葉や振る舞い，態度が「向けられた」ときだからです。支援にあたる私たちは，自分に「向けられた」ものだけでは不十分で，向けられていない，届いていない，発せられていない心情にこそ気づきにいかなければなりません。その子の本当の困り感を“ない”ことにしないためには，私たちが能動的に気づこうとする態度を相談時間中は終始持ち続けること，そして同時に，その態度が知らぬうちに消えていないかを自身にも問い続けることが必要だと思います。

相談後，多くの子どもたちは「ありがとうございました」と感謝を伝えてくれます。そのため，こちらは往々にして字義どおりに受け取り，「相談がうまくいった」と安易に満足してしまいがちです。私はそのとらえ方は少々危険だと感じます。なぜなら，その言葉はもちろん本音のこともありますが，中学生だけでなく小学生も，相談員を気遣った建前を言うことが少なくないからです。

だからといって，私たち相談員にできることは何もないと臆する必要はないとも思います。少しだけれど確かに何かはできる，その何かに対して私たちが真摯に向き合い続けること，また真摯に向き合うとはどういうことかを自身で問い続けることこそが，私たち相談員に大切な態度だと感じています。

社会から見たSNSカウンセリング

［畑中千紘］

1．SNSカウンセリングへの抵抗

臨床実践においては，理論を学ぶこと，さまざまな事例を見ることに加えて，自らが実際に訓練に参加することが必須となる。そのため，「トレーニングブック」と題された本書は，実践を前提とした構成となっている。おそらく，読者の多くは実習的な内容を期待して本書を手に取られたことだろう。とはいえ，自分がいざSNS相談に臨もうとすると，何らかの抵抗を感じる人も多いのではないだろうか。特に対面での心理面接の経験がある程度長い人などは，新しい形式での心理相談に戸惑うことも多いと思われる。職場で新たにSNS相談を導入することになって困惑していたり，関心はあるもののどうすればスキルが身につくのかわからないと感じている心理職の人に出会うことは実際によくある。また，現時点では大学院の教育課程にSNSカウンセリングが含まれているところは少ないため，対面面接にも慣れていない初学者にとって，SNS相談はさらにハードルが高いものと感じられるかもしれない。

このような実情を受け，本書のタイトルは企画段階では「SNSカウンセリング　Q&A」となっていた。つまり，実践に臨もうとする人たちが実際にぶつかっている疑問や問題に応えたいと考えたのである。そこで，相談員の経験がある心理職の人，相談員をこれから経験しようとしている人たちにアンケートをとってみたところ，「相談員もスマホを使うのですか」「絵文字を使っていいのですか」「SNSを使ったことがありません。やってみたほうがいいですか」といった基本的なことから，「相手とコミュニケーションができるのか不安です。誤解が生じたときはどうすればいいですか」「訴訟になることはないのでしょうか」といった大きな不安まで，さまざまな問いが投げかけられてきた。専門職が持つこうした疑問は，自分の勉強不足だからとあまり公にされず，一人で抱えられていることが多い。しかし，「SNSで心理相談は本当に可能なのか」「SNSで臨床的なコミュニケーションができるとは思えない」などの不安や不信感を感じることは，ある意味で自然なこととも言える。自身が感じる不安を個人的なものとして抑えてしまうのではなく，SNS相談が喚起する負の感情やイメージからSNS相談を理解してみようとすることが重要である。

一方，利用者にとっても不安な状況は同じである。SNS相談の現場で相談を受けていると，多くの人が相談に来て，違和感なくやり取りしているために，世の中の多くの人がSNS相談になじんでいるかのような錯覚に陥ることもある。しかし，社会全体を見れば，多くの人にとってSNS相談はまだなじみがないものであり，利用するのに抵抗や躊躇を感じている場合も多い。SNS相談が相談者の日常に，より近接するものであるとすれば，相談員もパソコンの前に座って待っているだけではなく，将来相談者になる可能性のある人たちが持っている不安や抵抗について知ろうとする姿勢を備えている必要がある。そして，初めての相談者が抱えているかもしれない不安，躊躇についても，想像力を働かせながら対応していくことが重要であろう。

1970年に出版された河合隼雄の『カウンセリングの実際問題』という本がある。この本のなかで河合は，カウンセリングに対する批判について考えるところから，その意義を伝えている。「時間がかかりすぎる」「環境を変えたほうが早い」「なまぬるい」「現状肯定だ」「あまり効果がない」など，よくある批判のポイントを挙げ，それらについて議論を深めることでカウンセリングとは何かということを明らかに示していくのである（河合，1970）。

1970年といえば，日本においてカウンセリングの認知度が高まり，多くの人がそれを学ぼうとした時期である。関心が高まりつつあっても，実際には心理相談というものがそれほどなじみのあるものではなかったと思われる当時，うさんくさい，怪しいなど，カウンセリングに対するネガティブなイメージは現在よりずっと強く感じられていただろう。しかし，批判的視点を通して考察することは，ポジティブな側面ばかりを強調されるよりも，その対象を深く理解することにつながっていくものだ。実際，これには非常に説得力があり，この書籍は2021年時点で60刷にも及ぶロングセラーとなっている。

現在，SNS相談はこの頃の心理カウンセリングと同様の状況にあると思われる。新しい心の相談として認知度が高まりつつあるものの，「誰もが気軽に」「信頼して」アクセスできる状況にあるわけではない。SNSになじみのある若い人なら抵抗がないだろうと思われがちだが，大学などでSNS相談の話をすると，「SNSで大事な相談などとてもできない」という人は若い世代にも一定数存在する。そこで本章では，SNS相談が現在，実際にどのように認知され，どのようなイメージを持たれているのかについて調査をもとに概観し，特にそのネガティヴなイメージを切り口に考えを深めてみたい。

SNS相談を続けていると，これは役に立つとか，おもしろいという考えに安住してしまい，相談者の持っている不安や不信感に対して鈍感になってしまうことがある。SNS相談についてその否定的な側面を含めて考えることは，相談者や相談員が体験する抵抗や負の感情を理解するヒントとなるとともに，SNS相談をより深く理解するための礎となってくれるだろう。

2．SNSカウンセリングの急速な広がり

SNS相談が急速に浸透してきたことは前章ですでに述べた。しかし，この新しい相談形式がそれほどに早く社会に受け入れられたのはなぜなのであろうか。

図２-１に示したのは，2018年頃にインターネット上で話題になった情報をもとに筆者がグラフ化したものである。これは，飛行機，自動車，電話，クレジットカードなど，新しいテクノロジーが出現してから5,000万人のユーザーを獲得するまでに要した年数を示したものである。これを見ると，自動車，電話，テレビ，ATMなど今では当たり前の装置も，社会に浸透す

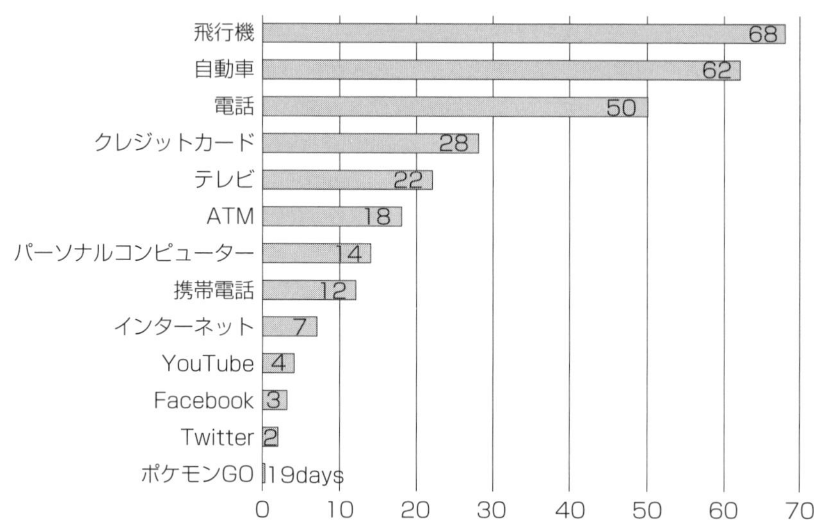

図2-1　5000万人ユーザーを獲得するまでに要した年数

（[https://steemit.com/steemit/@johnnywingston/how-long-does-it-take-steemit-to-hit-50-000-000-users--1502430927-1670258] を参考に著者作成）

るまでにずいぶんと長い年月を要したことがわかる。一方，YouTube，Facebook，Twitterなど，SNSのユーザー獲得の速さには目を見張るものがある。飛行機や車が今よりもずいぶん高価なものであったことを差し引いたとしても，新しいものが社会になじむスピードとしては驚異的だと感じられる。これには，すでにインターネットが生活のインフラであったという事情もあると思われるが，一度ベースができてしまうと，『ポケモンGO』のようにたったの19日間で5,000万ユーザーを獲得するような現象も起こってくるのである。

SNSカウンセリングもこれと同様に，LINEアプリが十分に社会に浸透した状態で導入されたため，初めての相談事業においても多くの人が訪れたのであろう[*1]。このような意味では，すでにSNSに親和性を持っていた我々に

＊1　初めての相談事業については，杉原・宮田（2018）を参照。

とって，SNSカウンセリングははじめから「新しい」相談形式ではなかったのかもしれない。

新しいシステムが社会実装されていくとき，それが実際に我々の手になじむようになるためには，技術の新奇性や利便性もさることながら，それが〈こころ〉に添うものであるかという点が非常に重要だ。飛行機が一般的なものになるまでに長い年月を要したのは，さまざまな要因はあったにせよ，大きな鉄の塊が空を飛ぶことに対する不思議さと恐怖が和らぐまでに，それだけの時間を要したということもあるのではなかろうか。SNS相談も，SNS自体の利用率が高い状況がベースにあったために，開始されてから実用段階に至るまでの時間は非常に短かったが，それだけに，私たちの〈こころ〉に今，どれだけフィットしているのかについては丁寧に検討する必要があるだろう。

3．SNSカウンセリングはどの程度知られているか

では，実際にSNSカウンセリングはどの程度認知されているのだろうか。京都大学こころの未来研究センターで，2021年２月に行ったweb調査の結果を参照してみよう[*2]。この調査は，20～60代までの614名に対してインターネットを通じて行われたものである。比較のために，対面の「心理相談」と「心療内科・精神科」について併せて尋ねることとした。調査協力者には，「心理相談や心理カウンセリング」「SNS相談（LINE相談）やSNSカウンセリング（LINEカウンセリング）」「心療内科・精神科」のそれぞれについて知っているかどうかを尋ね，四つの選択肢から回答を求めた。これに対する回答を示したのが図２-２である。

心理相談および心療内科・精神科については「知っている」という回答が８割程度であるのに対し，SNS相談については，「知っているが利用したこ

＊２　京都大学こころの未来研究センターの「SNSカウンセリングとコミュニティ支援」研究プロジェクトによって行われた。

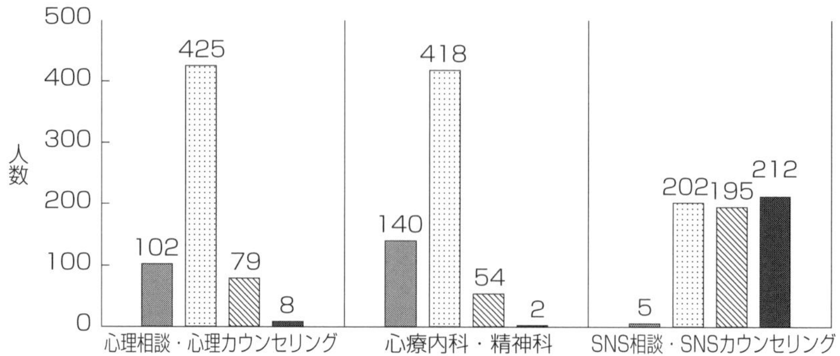

図 2-2　各種心理相談の認知度

とはない」「言葉はみたり聞いたりしたことがあるがどんなものかは知らない」「その言葉をみたことも聞いたこともない」が，それぞれ約3分の1ずつとなっている。今後，認知度については徐々に上がってくることは予測されるものの，現段階ではまだまだ認知さえされていない場合も多いということがわかるだろう。

続いて図2-3に示したのは，SNS相談，心理相談，心療内科・精神科の「利用しやすさ」に対する印象である。「気軽に利用できる」から「利用するのに躊躇する」までの間で，最も当てはまる位置にスライダーを動かしてもらう形で回答を求めた。グラフの横軸は回答者の年代，縦軸は上にいくほど「躊躇する」，下にいくほど「気軽」に近い値を示していて，折れ線は平均をつないだものとなっている[*3]。これを見ると，グラフ下部のSNS相談が最も年齢による影響を受けており，年代が上がるほど「利用するのに躊躇する」印象が強く感じられていることがわかる。

興味深いのは，すべての年代において，SNS相談が他の二つよりも躊躇が

＊3　グラフ内の縦線で示されたエラーバーは，95％信頼区間である。

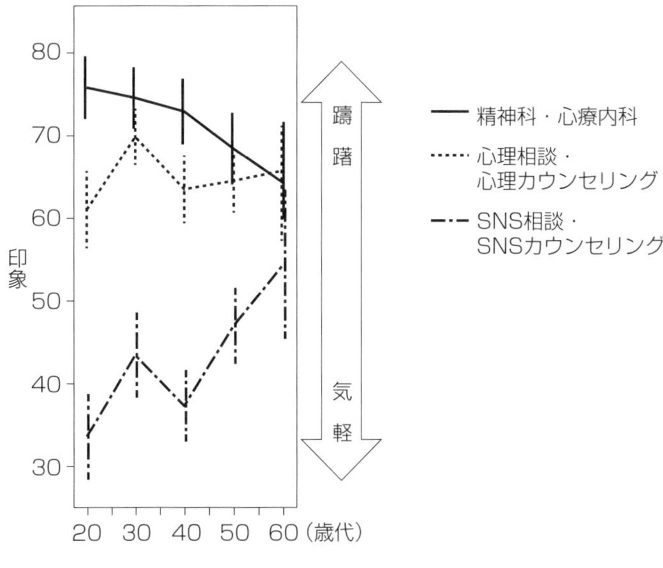

図２-３　利用しやすさのイメージ

少ない相談形態となっていることである。三つの媒体による違いが最も少ない60代においても，心療内科・精神科や対面心理相談よりも，SNS相談のほうに気軽さが強く感じられている。これにはLINEの利用率が全世代で94.1％と高く（NTTドコモモバイル社会研究所，2021），SNSが世代を問わず人とのつながりを体験する窓口となっていることも関連しているであろう。ただし，上記の結果はあくまでそれぞれの相談に対する印象であって，自分が利用するかどうかではない。そこで，三つの相談形式について，「自分とは縁がない」から「自分も利用することがあるだろう」までの間で，最も当てはまる位置にスライダーを動かしてもらう設問を設けた。その結果が，図２-４である。

縦軸は上に行くほど「自分も利用することがあるだろう」，下に行くほど「縁がない」に近くなっている。これを見ると，若い世代を含めたあらゆる年代で，SNS相談は他の二つに比べて「自分とは縁がない」に近い。SNS相談自体には気軽そうなイメージを抱いていても，実際に自分が気軽に相談に

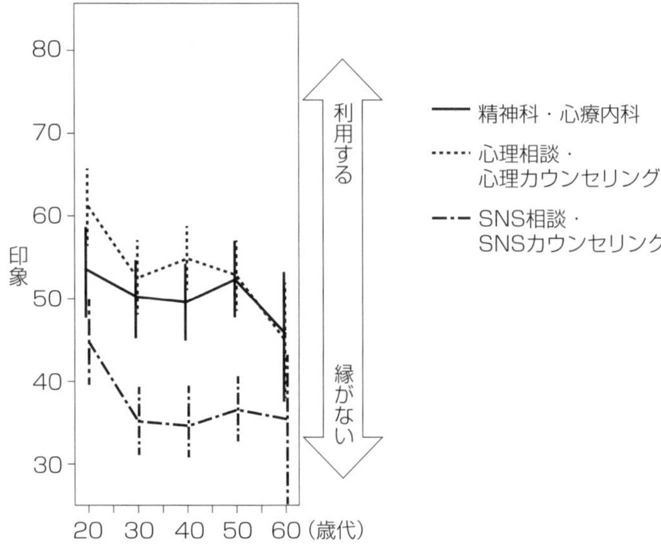

図２-４　自分が相談を利用する可能性

行けるというわけではないということだろうか。おそらく「縁がない」というイメージには，「SNS相談を知らなかった」「相談はしたいが相談方法がわからない」という人が一定数いることも影響していると思われるが，それを差し引いたとしても，SNS相談は自分が利用しうるものとしては意識されにくいというのが現状のようである。

４．SNSカウンセリングに対するさまざまなイメージ

SNS相談に対する一般的なイメージをより詳しく知るため，この調査ではSNS相談に対して「どのような印象を持っているか」について，自由記述でも記載してもらった[*4]。収集された記述からは，SNS相談に対する一般的なイメージが見えてくるように思われたため，以下，その結果を内容ごとに分けて提示する[*5]。ここでは比較のために，対面の「心理相談・心理カウンセリング」（以下，「心理相談」）に対して書かれたイメージと並べて示すこと

とする。そのことによって，SNS相談の持つポジティブな要素とネガティブな要素の双方が，よりはっきりと見えてくるだろう。

⑴　気軽さと抵抗

まず上がってきたのは，相談に対する「気軽さと抵抗」に関する記述である（図２‐５）。ここには，それぞれの形態の相談に対しての利用しやすさ・しにくさに関するものが含まれている。まず，図からは，SNS相談に対する【気軽さ】のイメージが，非常に強いことがわかるであろう。具体的な記述としては「スマートフォンで手軽に利用できる」「直接，顔を合わせないので気軽に相談できそう」「匿名なので引きこもりの人などでも相談できそう」「実際に出向くより少しハードルが低い気がする」「手はじめに相談したいときには，敷居が低く利用しやすいイメージ」「合わないなと思ったらすぐに切れるから気楽そう」などが挙げられており，主に顔を合わせないことや，外出せずに相談できることなどを理由に，気楽な相談ツールと認識されているようである。

また，「SNSだと履歴が残るので，後から繰り返して確認できる」「文字で伝えるのは比較的ハードルが低くて良い」「自分の考えのポイントを文章でまとめたうえで相談できる」など，SNSに特有の特徴もメリットとして挙げられていた（【SNSの利点】）。ただし，気軽さについて言及している人の多くは，「気軽に相談はできそうだが，コミュニケーションができるか不安」

＊４　SNS相談を知らない人もいることが予測されたため，質問文にはSNS相談についての簡単な説明を記載している。実際の質問文は以下のとおりである。「SNSカウンセリング（LINEカウンセリング）・SNSカウンセリング（LINEカウンセリング）とは，LINEなどのSNSを用いてチャット形式で心理相談・心理カウンセリングを行うことです。SNS相談やSNSカウンセリングにどのような印象を持っていますか？　上記の説明を読んで，またこれまでにあなたが見聞きしたり経験したりしたことを元にして，自由にお書きください」。

＊５　得られた自由記述の回答について，その内容に基づいて分類カテゴリを作成した。その後，作成されたカテゴリに基づき，各回答をコードしていった。自由記述には複数の意味内容が含まれることがあるため，一つの回答に複数のコードが付けられることもあった。

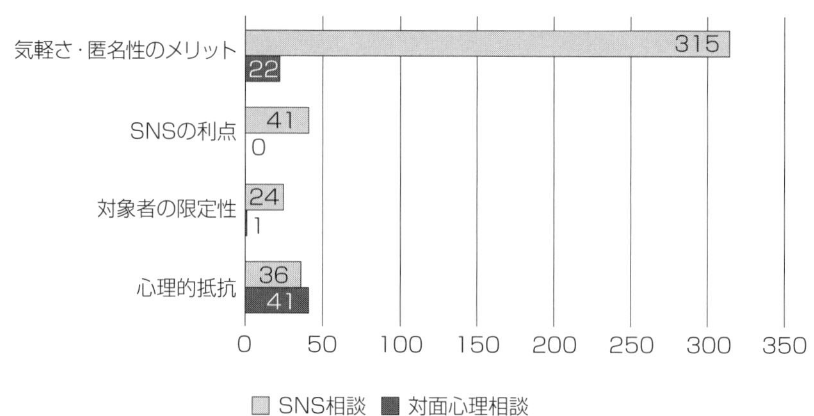

図2-5　SNS相談と心理相談に対する「気軽さと抵抗」

「相談のハードルが下がるのはよいが，easy come easy go（得やすいものは失いやすい）で，得るものはどれだけあるのか疑問」など，気軽さと同時に何らかのデメリットを記載しており，気軽さのイメージを単にポジティブにとらえるのでは十分ではないだろう。一方，心理相談に対して「カウンセラーとの相性によるのであまり信頼していません」と答えた人が，SNS相談に対しては「気軽に相談できそうでよい」と答えているパターンも少数だが見られ，心理相談に対して不信感や怖さを感じている人でも，SNSの軽いイメージが良い方向に作用して，相談に前向きなイメージが感じられている場合もあるようだ。

【対象者の限定性】は，「高校生が利用しそうなイメージ」「高齢者には難しい」「若者向けの心理カウンセリング」など，利用者が限定されることに関する記述である。このようなイメージは相談員側にアンケートを取っても非常によく出てくる。「若くない相談員には厳しいです」「パソコンがわからないので不安」「文字を打つスピードに自信がありません」など，年齢や不慣れを理由に躊躇を感じている人は多いようだ。しかし実際，LINEは70代でも6割以上の人が利用しているように，年齢を問わず誰でも簡単に使うことができるツールである。相談者や相談員が「SNS＝若者の文化」「SNS＝

最近のもの」「SNS＝シニア世代には難しい」などの固定的なイメージから自由になるために，導入や広報の仕方に工夫をしていく必要があるだろう。

なお，【心理的抵抗】については，「利用したことがなくとっつきにくい」「自分はあまり使いたくない」といった記述が含まれていたが，二つの相談形態による違いはあまり見られず，SNSであることによってデメリットが大きくなっている様子はあまり見られなかった。

(2)　信頼性と不信

続いて，「信頼性と不信」に関する項目について示す（図２-６）。ここには，それぞれの相談が専門的で，安心して利用できるものかどうかのイメージに関する記述が含まれる。具体的には，「心の問題を一緒に考えてもらう」

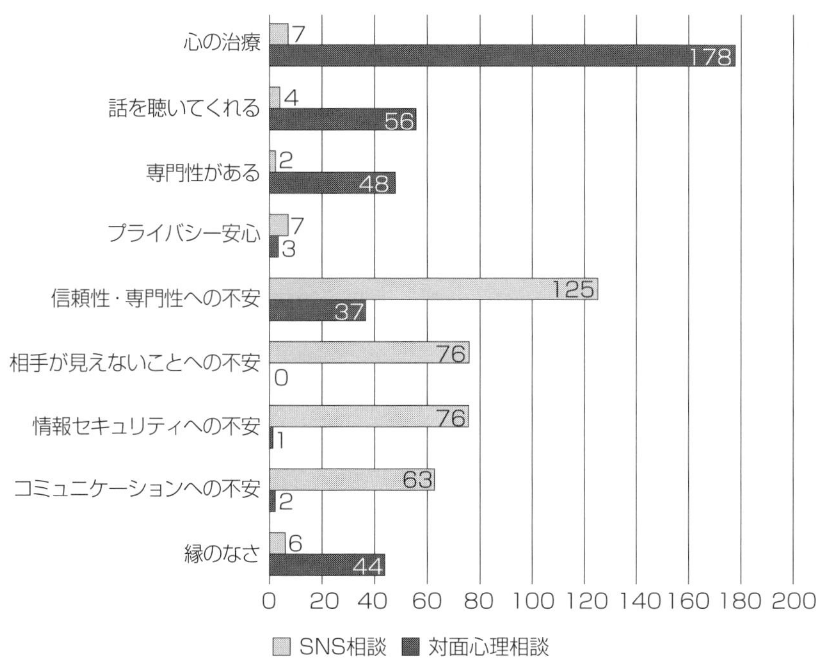

図２-６　SNS相談と心理相談に対する「信頼性と不信」

「悩みや不安を肯定的に聞いてもらって心の整理をする」「自分では気づいていない深層心理に気づかせてくれる」など，【心の治療】であるというイメージは心理相談に対しては多く記載されたのに対し，SNS相談ではそのような記述は非常に少なかった。また，「話を丁寧に聞いてくれる」「共感を持ちながら話を聞いてもらえる」「心理学の専門知識を持っているので正しい方向に導いてくれそう」など，【話を聴いてくれる】【専門性がある】というイメージも心理相談では一定数見られたのに対し，SNS相談ではほとんど見られなかった。【縁のなさ】も心理相談には多く見られたものだが，これには「特定の心理的問題を抱えた人のためのもので，多くの人には縁がないもの」「病気でどうしようもなくなった人が行くところ」など，自分ではない誰かのためのものだ，といった印象が含まれており，心理カウンセリングが専門的なものだと認識されていることの裏返しであると考えられるだろう。

一方，SNS相談では信頼性・専門性に関するポジティブな記述は非常に少なく，反対に「実際に会わないからちょっと信頼しない」「顔の見えない相手の心情を，正確に読み取ることができるのでしょうか」「相談員が匿名で信用性が低い」「相談員のクオリティがいまいちなのでは？」「相手の表情を見ながら相談したい」等々，相談員の顔が見えない，身元がわからないことによる信頼性と専門性に関する不安・不信が非常に多く挙げられた（【信頼性・専門性への不安】)。なかには，「SNSだと一般論しか言ってもらえなさそう」「大学生がアルバイトで答えていそう」「自動返信のbotなら馬鹿馬鹿しい限りだ」といったものもあり，実際にどのような人が相談員をしているのかが見えないことが，ネガティブなイメージをいっそう強めていることがうかがえる。

また，「大事な情報を他人に見られ個人情報保護に不安を感じる」「気軽なぶん，セキュリティ面は大丈夫なのか」など【情報セキュリティへの不安】や，「文字だけだと誤解が生まれやすそう」「文字だけで理解してもらえるのか，相談員の言っていることを理解する自信もない」などの【コミュニケーションへの不安】も見られた。さらには，「今のところ絶対使いません，なんか軽いイメージがある」「SNS自体に不信感があるのでいやだ」などの声もあり，なんとなく全体に茫漠とした不安感が感じられているところもあるようだ。

これらの記述からは，SNS自体に対して感じられている気軽さや手軽さのイメージが，そのままSNS相談の質にも適用されて，“誰でも参加しやすいが，そのぶん素人的で軽い”というイメージが形成されていることが読み取れる。「気軽に相談できるメリットはあるけれど，適当な，無責任な意見も簡単に言われそう」「気軽に相談できる状態ではないと思うので，SNSでは難しいと思う」などのコメントには，まさにそのようなイメージが端的に表れているだろう。

従来の対面心理相談では，料金や場所，担当者を固定することによって，その場を日常から区別し，特別なものに設定する。また，１対１の関係のなかで秘密が守られることで，相談者は安心して話をすることができる。この特別な枠組みは，対面心理相談に対する【心理的抵抗】として挙げられた「センシティブなことを聞かれそうで怖い」「自分の深層心理を他人に探られるイメージで良いイメージがない」などの記述のように，カウンセリングの場を非日常の次元に引き上げると同時に，利用するのに抵抗や怖さを感じさせる要因にもなっている。

一方，特定の担当者がつかず，相談員の顔も見えないSNS相談には，この物理的・心理的な枠組みが弱い。まさにそれがSNS相談の身軽さであり，敷居の低さなのだが，その日常性は同時にそこを外部にさらされうる守りの弱い場にしてしまう可能性をつくり出す。これを補強するには，相談員の側が物理的な枠組みが弱い状況でも，相談者を守る心理的な枠組みをキープするための工夫をする必要がある。情報の保護や秘密保持はもちろん，相談者の安心感・安全感を相談員との間に作り出すために，相談者を適切に見立て，どのような関わりが適切かを柔軟に判断していくことが重要だ。この意味で相談員にとってのSNS相談は，ある意味で対面よりも強固な枠組み意識と高度な専門性を要求されるものと言えるのである。

(3) 有用性と効果への疑問

最後に挙げるのは，「有効性と効果への疑問」のカテゴリである（図 2-7）。ここには，それぞれの相談について意味があるものと感じられるかどうかについての記述が含まれた。【有効性・有用性がある】【必要性がある】は，心理相談のほうに多く挙げられたものだが，「心が楽になり，精神面をより良い方向へ導くことができるもの」「打ち明けること自体に効果があるので有効かなと思う」「良いもの，ポジティブなイメージです」など，役に立つもの，効果があるものだというイメージや，「ストレスの多い現代社会には必要なもの」「もっと多くの人が利用するようになるとよい」「体のケアと同じくらい大切なもの」など，社会にとって必要なものだというイメージがある程度浸透していることがうかがえる。

一方，SNS相談に対して【有効性】【必要性】に関する記述は少なく，効果についての記述では，「SNSで本当にきちんとしたカウンセリングができるのか疑問」「便利だが，効果は期待できない。対面でこそ気持ちは通じる

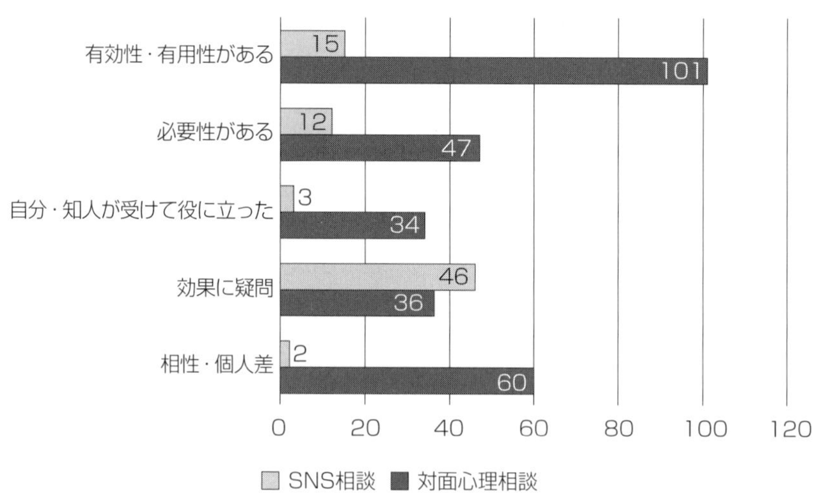

図 2-7　SNS相談と心理相談に対する「有効性と効果への疑問」

と思うので」など，ネガティブなものが一定数見られた（【効果に疑問】）。ただし，効果への疑問については心理相談にも同程度出てきており，「ただの悩み相談で治療とは思えない」「話をするだけであまり意味がない」など，心理カウンセリングという営みそのものに対する不信感もある程度含まれていると思われる。

心理相談に対してのネガティブな記述で最も多かったのが，【相性・個人差】についての項目である。「良いカウンセラーを見つけるのが大変」「相談相手も人間なので，自分の感性を理解してくれる人と出会うのは難しそう」「合わない人だと逆効果」など，対面の相談で自分に合ったカウンセラーと出会うことは難しいというイメージが強くあるようである。

他方，SNS相談にはそのようなイメージはほとんど見られなかった。実際，SNS相談は相談員にも匿名性があるため，個人的な相性の問題はやや見えにくくなっている。これは枠の弱さの副産物とも言えるが，従来の心理相談が持っていた大きな弱点をカバーしているとも言え，SNS相談の強みとしてとらえられるだろう。ただし，SNS相談では翻って相談員との関係性や相談員個人のキャラクターをポジティブに利用することが難しい，という弱みがあることも認識しておくべきと思われる。

5．SNSカウンセリングの「軽さ」を理解する

ここまで，SNS相談に対するイメージの調査結果を概観してきたが，全体としてSNS相談に対するイメージは，「軽さ」の概念を中心に広がっていると推察される。この軽さのイメージは，良い方向に作用すれば相談への門戸を開く軽やかさとなるが，悪い方向に作用すれば，素人の簡易的な窓口として軽視されることにもつながる。SNS相談に臨むにあたっては，相談者が体験している「軽さ」がどこに起因しているのかに，意識的になることが必要である。相談しやすさや便利さであればよいが，軽さがネガティブに体験されるならば，不適切なところに軽さのイメージがしみ出していると理解できる。相談員がそのことに自覚的であれば，そこにあるべき重みや安全性を相

談者との間で確認していくことが可能になるであろう。

他方，「軽さ」に対する不安は，相談員側にも感じられやすいものだと思われる。相談途中に相談者が食事やお風呂で離脱することなどを体験すると，「日常生活のなかで真剣な話はできないのではないか」「そんな姿勢で相談とは軽すぎるのではないか」と，不安を感じてしまう相談員は多いだろう。しかしよく考えてみれば，何が本質的な話であるかは，語り口や状況にはあまり関係がない。たとえば，思春期のケースなどでは，決して深刻な語り口にならず，やる気なく話しているようななかに，時にこちらがドキッとしてしまうような本質的な語りが挟まれることがある。また，スクールカウンセリングなどでは，空き教室で面接をしていて，途中で先生や別の子どもが入ってきてしまうようなこともあるが，それでも学校での面接が軽薄で意味がないとは言えないであろう。

そもそも臨床心理面接といっても，常時深刻に悩みの相談をしているというわけではない。昨日あったこと，先日の旅行の話，たまたま人に出会った話，ふと考えたことなど，多様な話をしながらも，そのなかに相談者の個性や心理的課題が現れ出てくるものである。つまり，ライトな対話のようであってもそのなかに本質的な要素を聞き取る力こそが相談員の専門性と言えるのであり，カウンセリング的対話の「深み」は，語り口の神妙さや入り口の厳格さによって作られるものではないのである。

新しいものに出会うとき，従来の価値観が壊される不安を感じるために，何らかの理由をつけて抵抗したり，関わらないようにしたいと思ったりするのはごく普通の反応だ。SNS相談に臨むにあたってそのようなある種の抵抗を体験している場合，まず，人が持っている“つながりを感じ取る力”への信頼が必要ではないかと思われる。文字だけのやり取りに伴う制限はあっても，それでカウンセリングができなくなるというわけではない。筆者自身も「SNSでカウンセリング？」という疑念を抱えながら初めてのSNS相談を体験し，意外にも画面の向こうに「生身の人」が感じられることに感動を覚えた。日常ではLINEを使って家族や友人と情報を交換したり気持ちを通わせたりしているのに，カウンセリング場面になったからといって急に相手の心がわからなくなってしまうようなことはないはずだ。それなのに，“SNSでカウンセリング”となると，我々は自ら，心のハードルを上げようとしてしまうのかもしれない。

SNSであっても対面であっても臨床家に求められるのは，ネガティブな感情も含めた心の微細な動きに対する細やかな感受性だ。相談者や相談員自身に生じてくる否定的な意識や感情についても，客観的に理解する視点をもって臨みたい。

【文献】

河合隼雄（1970）カウンセリングの実際問題．誠信書房

NTTドコモモバイル社会研究所（2021）モバイル社会白書2021.［https://www.moba-ken.jp/whitepaper/wp21.html］

杉原保史・宮田智基（2018）SNSカウンセリング入門――LINEによるいじめ・自殺予防相談の実際．北大路書房

SNSカウンセリングの訓練

［杉原保史］

1．はじめに

カウンセラーやセラピストがもたらす治療効果には，大きな個人差があることが確認されている。オキイシら（Okiishi et al., 2003）の研究は，治療成績上位10%のセラピストと下位10%のセラピストの治療成績の違いを比較している。それによると，上位のセラピストは下位のセラピストの倍の患者に回復をもたらし，下位のセラピストは上位のセラピストの倍の患者を悪化させている。良質のSNSカウンセリングを提供するには，有能なSNSカウンセラーが必要である。SNSカウンセリングが急速に社会に広がりつつあるなか，有能なSNSカウンセラーの育成は非常に重要な課題である。そこで，本章においてはSNSカウンセリングの訓練について考えてみる。

訓練について考えるにあたっては，何を目指して訓練するのかを明確にしなければならない。そこでまず，SNSカウンセラーが備えているべきコンピテンス（能力）について検討する。その後，さまざまな訓練方法について見ていこう。

カウンセリングの訓練方法にはさまざまなものがある。最も基本的なものとしては，書籍を読むことや講義を聞くことなどの，伝統的な知的学習方法がある。しかしカウンセリングは知的学習だけでは上達しない。知的に理解したことを実践で自然に用いることができるよう体験的に練習することが必要である。また書籍や講義で扱われるのは，通常，理路整然と整理された一般論的な知識である。実際の相談において効果的な対応ができるようになるには，一般論的な知識を，しばしば具体的な個々の事例に適用する訓練が必要である。そうした訓練方法として，ここでは，ロールプレイ，事例検討，主任相談員の臨床指導を取り上げ，それぞれの方法の特徴や，それによって効果を上げるための注意事項について述べる。

最後に，訓練としての本書の使い方について検討しておこう。

2．基本的なコンピテンス

SNSカウンセラーが備えておくべきコンピテンスについては，全国SNSカウンセリング協議会が「SNSカウンセラーの能力要件」を提示している（全国SNSカウンセリング協議会，2018）。そこには，SNSカウンセラーが基本的に知っておくべき知識と，身につけておくべき技術やスキルが具体的に示されている。これについては『SNSカウンセリング・ハンドブック』（杉原・宮田，2019）で解説しているので，そちらを参照してほしい。

ここでは，SNSカウンセラーが備えておくべきコンピテンスを，これとは異なる角度から検討してみよう。一般にカウンセラーとして備えておくべきコンピテンスは，大きく分けると「特定的・専門的なコンピテンス」と「基本的なコンピテンス」に二分できる。

特定的・専門的なコンピテンスとは，特定のカウンセリング理論や技法（精神分析，認知行動療法，パーソン・センタード・アプローチなど）や，特定の問題領域（自殺，児童虐待，DV，引きこもりなど），特定のアセスメント方法（各種の質問紙，知能検査，描画検査など）についての知識などである。情報通信技術を用いたカウンセリングであるSNSカウンセラーには，これらに加えて情報通信技術についての知識も含まれるだろう。これらについては，それぞれの領域ごとの専門的な学習が求められる。これらについてはそれぞれの領域の専門書や研修に譲ることとし，本章で詳しく扱うことはしない。

これに対して基本的なコンピテンスとは，どのような理論に依拠したカウンセリングを行うにせよ，どのような問題を抱えたクライエントに行うにせよ，共通して求められるコンピテンスである。こうした基本的コンピテンスについてはさまざまな考え方が提出されているが（Fouad et al., 2009; Knapp et al., 2017），ここでは倫理コンピテンス，多様性コンピテンス，感情コンピテンス，コミュニケーション・コンピテンスの四つを取り上げることにしたい。

(1)　倫理コンピテンス

倫理コンピテンスとは，倫理的に健全な仕方でカウンセリングを実践できる能力のことである。倫理コンピテンスには，以下のような能力が含まれる。職業倫理，関連する法律，その相談事業や相談現場の規程や規則などを理解し，それらを個々の具体的なケースに適用する能力。また，倫理的な問題について他の専門家や指導者に相談する必要がある場合に，そのことを認識して適切に相談できる能力。潜在的に倫理的に不健全な状況が生じているときに，それを見つけて声を上げる能力。SNSカウンセラーに求められる職業倫理については『SNSカウンセリング・ハンドブック』（杉原・宮田，2019）を参照してほしい。

非倫理的な実践をしてしまった人が，知識や知的な理解に欠けるとは限らない。むしろ十分な知識や理解を持っていることのほうが多いのである。倫理コンピテンスを高めるには，知識や知的学習だけでは不十分なのである。

SNSカウンセリングを含む心理的な支援には，その職業的サービスが，苦悩を抱えた人とともにあることを願い，その苦悩が少しでも和らぐよう助けたいと願う，理屈を超えた願いによって裏付けられていることが求められる。職業的サービスを何年も何十年も続けつつ倫理コンピテンスを維持し，高めていくためには，関連する知識や理解を常にアップデートしていくだけではなく，内面のそうした願いとのつながりをしっかりと持ち続け，太くしていく努力が必要である。これは一人では難しい課題であり，信頼できるSNSカウンセラー仲間で士気の高いコミュニティを作っていくことが有用である。そのコミュニティにおいては，単に倫理違反を厳しく見張り，咎める姿勢だけではなく，倫理コードに抵触してしまったのではないかという疑問が生じた場合に，そのことを率直に打ち明けて相談できる安心感があることが重要である。

(2) 多様性コンピテンス

カウンセラーの基本的なコンピテンスのなかでも，近年ますます重視されるようになってきたのが，多様性コンピテンスである。現在までに主流となっている多くのカウンセリング理論は，欧米の文化や価値観のなかで発展してきたものである。また社会階層的に，カウンセラーは中流ないし上流の階層に属することが多く，貧困層についての理解が乏しいことが多い。主流のカウンセリングは，このような面で知らず知らずのうちに特定の集団の価値観を反映したものとなっている可能性がある。そこには，欧米の個人主義的な価値観や，男性中心の価値観，異性愛中心の価値観など，主流文化の価値観が反映されている可能性がある。

生物学的な性別と心で感じられる心理社会的な性別との間の不一致は，2018年にWHO（世界保健機関）の国際疾病分類（ICD-11）から外されるまで，性同一性障害と呼ばれ，病気とみなされていた。同性愛は1990年に国際疾病分類（ICD-10）から外されたが，それまでは病気とみなされていた。アメリカの多くの州の法律では19世紀後半まで，夫が妻を殴っても罪に問われることはなかった。19世紀の奴隷制度化のアメリカでは，奴隷が自由を求めることは，ドラペトマニアという診断名の精神障害だと考えられていた。

現在のアメリカ精神医学会の『精神疾患の分類と診断の手引（DSM-5)』には，依存性人格障害という診断名はあるが，独立性人格障害という診断名はない。国連気候行動サミットにおいて，当時17歳だった環境活動家グレタ・トゥンベリさんが，地球温暖化対策に消極的な世界のリーダーたちに怒りを表現したとき，アメリカのトランプ元大統領は，彼女にはアンガーマネジメントが必要だとツイートした。実際に，激しい怒りを抱えた個人がアンガーマネジメントに取り組むよう求められることは多いが，その個人の周囲の人々に，他者の怒りを理解して対応するトレーニングが求められることはほとんどない。

カウンセリングの実践には，何が異常で問題であり，何が健康で望ましい状態であるのかという価値判断が関わっている。また，誰が変わるべきなのかの判断が関わっている。誰が変わるべきかの判断は，論理的にはその問題の責任主体についての判断と同じではないものの，特段の説明なしに実践されるなら，責任主体についての判断として受け取られるのが自然であろう。

上に見てきたように，主流のカウンセリングが，主流となる集団の文化や価値観を知らず知らずのうちに反映してしまっていたことを示す例は多い。こうした認識を踏まえて，カウンセリングを普遍的なものではなく，そもそも特定の文化に組み込まれたものとして見る見方が，次第に幅広く支持されるようになってきた（McLeod, 1997; Sue et al., 2019）。主流文化に属さない多様な人々がいるということを理解し，カウンセリングの実践にその理解を反映させる能力が，多様性コンピテンスである。

多様性コンピテンスを養うには，次のような努力が必要となる。周辺化されたグループに属するクライエントに対する偏見を自覚し，それを脇に置いておけるようにする。周辺化されたグループのクライエントが直面している問題についての知識を積極的に発展させる。クライエントが，自分の問題を単に個人の問題ととらえるだけでなく，そこに作用している社会的，文化的，政治的，経済的な諸要因（人種差別，貧困，性別役割など）を理解できるよう助ける。

SNSカウンセリングでは，対面のカウンセリングよりもずっと幅広い層のクライエントからのアクセスがある。それゆえ，SNSカウンセラーには対面のカウンセラー以上に，高い多様性コンピテンスが求められる。

(3)　感情コンピテンス

カウンセリングの実践においては，クライエントが不安や怒りなどの激しい感情を表現することがある。カウンセラーは，こうした激しい感情に対して，逃げ腰になったり，やり過ごそうとしたり，単に力で押さえ込もうとしたりするのではなく，感情を受けとめ，建設的に反応できることが求められる。また，クライエントと関わるなかで，カウンセラーのなかに不安や怒りなどの激しい感情が喚起されることもある。性的感情が喚起されることもある。そうした場面でも，カウンセラーは自らの感情をただ無理矢理に抑え込んだり，我を忘れてそのまま表出したりせず，クライエントの支援にとって効果的な仕方でその感情を活用できることが求められる。

SNSカウンセリングにおいては，相談者が死にたいという言葉を送信してくることがしばしばある。そうした場面で，初心の相談員はしばしば不安になってしまい，その影響で送信のテンポが早くなってしまったり，送信ボタンを押すのが怖くなってなかなか送信できなくなってしまったりしがちである。そうしたときに，自らの不安に気づき，不安を抱えながらカウンセラーとしての機能を遂行できるような状態に立て直すことが必要である。

またSNSカウンセリングでは，面と向かっては言えないような内容も話しやすくなる。たとえば，相談者が差別的な主張をすることがあるかもしれない。相談員は，そうした相談者の発言に触れて，激しい怒りをかき立てられるかもしれない。相談者を非難し，攻撃したい衝動を制御するだけで精一杯の状態になり，相談員としての援助的な対応が難しくなってしまうかもしれない。こうした場合にも，自らの怒りに気づき，怒りを抱えながらカウンセラーとしての機能を遂行できる状態を維持する必要がある。

感情を扱うこうしたカウンセラーのコンピテンスが，感情コンピテンスである。感情コンピテンスを高めるには，感情について理論的な理解を深めるとともに，体験的な学習が不可欠である。激しい感情のなかにあって，それをただ抑え込むのではなく，また，ただその感情に圧倒され，乗っ取られて，衝動的に放出するのでもなく，激しい感情に気づきながら安定した状態を維持するスキルを涵養しなければならない。そのためには，マインドフルネス瞑想やフォーカシングなど，自己の内側に穏やかな注意を向けてありのままに感じる体験的な訓練が有用である。

(4)　コミュニケーション・コンピテンス

カウンセリングは，何らかのカウンセリング理論に基づいて行われるとはいえ，基本的には会話であり，コミュニケーションである。クライエントが伝えようとしていることを理解し，瞬間，瞬間に，生き生きとした共感的反応を返しながら，自分が伝えたいことを効果的に表現して伝えるコミュニケーション能力が必要である。SNSカウンセリングでは，特にテキストでのコミュニケーション能力が重要になる。文章から相手の状態を推測し，追体験的に理解する能力と，対象者に合わせて文章で的確に豊かに表現する能力が求められる。

コミュニケーションは相互的で協働的なものであるから，たとえコミュニケーション能力が高くても，常に誰とでもうまくコミュニケートできるわけではない。とはいえ，コミュニケーション能力の高さは，幅広い相手と効果的にコミュニケートできることによって示される。また，コミュニケーション能力の高さは，深く相手の心に響くような，的を射た力強い伝え方ができることによっても示される。さらには，相手との間に齟齬が生じたときに，そのことに敏感に気づき，柔軟に修復できる能力によっても示される。

コミュニケーション・コンピテンスは，多面的で複合的な能力によって構成されている。ここに単純な訓練方法を示すことは困難である。このあと取り上げるように，ロールプレイをしたうえでお互いに感じていたことをフィードバックし合うというような，体験的な訓練の積み重ねが大事である。

3．訓練方法

⑴　ロールプレイ

ここで言うロールプレイとは，カウンセラーの訓練のために行われる模擬的なカウンセリングである。参加者がペアになって，互いに相談者と相談員それぞれの役を取り，時間を決めてカウンセリングを行う。あくまでロールプレイ（役割演技）なので，相談者役は簡単なシナリオに沿って架空の相談者を演じる。架空の相談者を演じるかわりに，相談者役が自分自身のちょっとした悩みを話すというやり方もあるが，その場合はロールプレイではなく試行カウンセリングと呼ばれる。

ロールプレイでは，相談者役から相談中の気持ちや思いを直接聞くことができる。その利点を活かし，相談者と相談員それぞれがプロセスを振り返って，その時々の気持ちや思いを率直に伝え合う作業に取り組み，その作業から理解を深めることが大事である。指導者がいる場合でも，最初から指導者が意見を述べて指導者が適切と考える関わり方を教えるよりも，まずは相談者と相談員が自由にその対話における潜在的な体験を探索し，共有し，相談員自身のなかにすでにある反応を活かした，より効果的な関わりを模索することが有用である。それによって相談員が自らの心の動きやそれについての気づきを高め，ひいては感情コンピテンスやコミュニケーション・コンピテンスを高めることを目指す。

その際には，ログを見て振り返りながら，指導者もしくは同僚が，非審判的な態度で温かい関心を示しつつ質問をしていくことが役に立つ。振り返りを促進するうえで有用と思われる質問の例を，表3-1に示す。

カウンセラー役はもちろん，クライエント役のロールプレイから学ぶことも多い。クライエント役のロールプレイを通して，クライエントの立場を体験的に理解することは，カウンセラーとしての技能の向上に役立つ。初心者はもちろん，経験者であってもロールプレイから学ぶことは多い。SNSカウンセリングのロールプレイは，互いに離れた場所から顔も声も名前も伏せてできるため，顔見知りの訓練生同士であっても，上下関係などの日頃の人間

表3-1　振り返りを促進する質問の例

- このとき何か感情を感じていましたか？　その感情はあなたにとって，どんな意味があったのでしょう？
- この場面で，何か他の考えがあなたの心に浮かんでいましたか？
- もし，もう一度この場面に戻ってやり直すとしたら，あなたの感じていたこと（考えていたこと）をどんなふうに伝えますか？
- そう言ったとしたら，相手はどう反応しただろうと想像しますか？
- そう言うことに，何かリスクを感じますか？
- 自分のことを，相手にどんなふうに見てほしかったですか？
- 相手にどう言ってほしかったですか？
- 相手はあなたにどう言ってほしいようでしたか？
- この人は，あなたに誰かのことを思い出させましたか？

関係を意識することなく，対等な立場で訓練ができる。

(2) 事例検討

事例検討は，相談員の集団において，一人の相談員が自分の担当した事例を提示し，指導者を中心に意見や感想を出し合い，討議するものである。事例検討は，相談現場における実践的な訓練の中心になるべきものである。

事例の提示の仕方にはさまざまなやり方がある。継続的に行われる対面のカウンセリングでは，発表者はレジュメを作って，事例の概要，経過，考察などを発表するスタイルが一般的である。1回制の相談であるSNS相談では，匿名化されたログ・データをそのまま提示することが一般的であろう。SNS相談でも継続制のものや，1回制でも繰り返し相談がある場合には，対面のカウンセリングの一般的な事例報告と同様のスタイルで報告し，そのなかに一部，匿名化されたログ・データを提示するというやり方が有用であろう。

訓練中のカウンセラーから，所属する訓練機関における事例検討会は，発表者の自尊心に配慮しない非難的なコメントが行き交うことが通例でとても怖いため，あらかじめダメ出しの対象になりそうな部分は報告から削除する，という話を聞くことがある。当然のことながら，発表者が重要な情報を隠蔽しながら防衛的に発表するようになればなるほど，事例検討会はますます形骸化し，無意味なものとなっていく。

カウンセラーとして成長するには，クライエントとの関わりにおける微妙な心の動きに気づきを深めることが重要である。事例検討会がそうした気づきを促進するものとなるためには，発表者が防衛を解いて，事例に関して自由に心を探索できるような，安全で安心な場となることが必要である。もちろん，クライエントを守るために，どうしても厳しい指導が必要なこともあるだろう。しかしその場合でも，その厳しい指導が発表者の職業的人格に取り入れられ，統合されていくためには，発表者がその発言をした人物を信頼している必要がある。そうした信頼関係もなく，安心感・安全感もないままにただ厳しい批判を与えることは，クライエントを保護するためにやむを得ない場合もあるとはいえ，少なくともカウンセラーを成長させる目的に資するものではない。

ただし，事例検討会は，カウンセラーの訓練を目的とする以外にも，学術的な目的や相談機関の運営の目的など，さまざまな目的を併せ持っていることも多い。必ずしもカウンセラーの成長を第一の目的にしているわけではない場合もある。カウンセラー側としては，その事例検討会の目的や性質をよく考慮したうえで，健全な防衛的姿勢で自分を守りながらも，なお安心と感じられる程度に応じて，できるだけオープンであるよう調節することが必要であろう。

ログ・データを用いたSNSカウンセリングの事例検討では，発表者は相談の実際のやり取りを丸ごとそのまま提示する。それだけで，すでに発表者は丸裸の自分をさらすような，傷つきやすい状態にあると考えられる。そのことに配慮が必要であろう。経験が浅い相談員が発表する場合には，特に気をつける必要がある。

(3)　相談現場における主任相談員の臨床指導

SNSカウンセリングの相談事業では，相談員のほかに主任相談員（スーパーバイザー）が置かれていることが多い。主任相談員の役割は，現場によって多少の違いはあるものの，基本的には相談現場の監督者として相談員を取りまとめ，指揮することにある。その役割の具体的な内容は多岐にわたるが，その一つに，相談員が何か対応に困っているときにサポートしたり，アドバイスしたりして臨床的な指導をすることが含まれている。

現在，さまざまな相談現場で，主任相談員の指導や助言をめぐって，主任相談員と相談員との間に軋轢が生じることがしばしばあるようである。主任相談員の臨床指導がうまく機能するかどうかは，現場の相談員のスキル向上にとって非常に重要なことであるから，こうした軋轢をもたらす諸要因を理解したうえで，主任相談員の臨床指導が円滑に生産的に機能するような現場を作っていくことが必要である。

以下に，そうした諸要因のうちで重要と思われるものを取り上げ，簡単に考察する。

①主任相談員の管理的役割のあり方についてのコンセンサス

主任相談員は現場の監督であり，そのミッションは，その現場の相談ができるだけ効果的に機能するように，相談現場をオーガナイズすることである。特に，事故を防ぐことは，主任相談員の重要な任務である。SNS相談では，深刻な自殺企図を抱いた相談者，いじめや虐待の被害に遭っている相談者など，危機的状況にある相談者からの相談も多く，相談員の対応次第では命に危険が及ぶことさえある。またSNS相談は，やり取りがすべて端末に残るため，不用意な発言が即座に重大な事故につながる危険性と常に隣り合わせである。こうしたことから，主任相談員は相談現場の管理責任者として，相談員に対して対応について指示・命令する権限を与えられていることが通例である。

主任相談員は，通常は相談員をサポートし，求められればアドバイスを与えるという育成的な役割をとるが，事故の危険性が高まっていると判断される事態（要注意事態）では，明確に管理的な役割に切り替え，指揮をとることになっている。こうした主任相談員の二重の役割は，飛行機の客室乗務員の役割に喩えるとわかりやすいだろう。客室乗務員は普段は乗客が快適に過ごせるようサービスを提供しているが，事故の危険性があると判断される事態になれば，保安要員として乗客に指示し，命令する役割をとる。

相談現場によっては，主任相談員はスーパーバイザーと呼ばれている。しかし，日本の心理カウンセリングの世界での通常のスーパービジョンでは，スーパーバイザーはカウンセラーがカウンセリングを行っている組織の外部の指導者であることがほとんどである。スーパーバイザーは，カウンセラーからの報告以外には，相談記録などの情報にアクセスする権限は与えられていない。それゆえ，スーパーバイザーにそのカウンセリングについての責任を負わせることには無理がある。また，カウンセラーは育成的なサービスを求めて，個人的にスーパービジョン料金を支払っていることが普通である。それゆえ，スーパーバイザーは育成的な役割のみを担っている場合がほとんどである。

主任相談員の立場は，上に述べたような通常のスーパーバイザーの立場とは，明らかに異なっていることに注意が必要である。主任相談員は相談に関するすべての情報にアクセスする権限を与えられており，そのなかで相談員が不適切な対応をして事故を起こした場合，主任相談員にも責任が問われることになる。

主任相談員はこのように育成的役割と管理的役割の二重の役割を担っているのであるが，この管理的役割のあり方について，相談現場におけるコンセンサスがまだ十分に確立されていないことが，主任相談員と相談員の間の軋轢の一つの要因になっていると思われる。

一つには，管理的役割の要請条件である「事故の危険性が高まっている要注意事態」の判断について，主任相談員と相談員の間に不一致が生じがちなのかもしれない。主任相談員は，相談員の対応が自分の想定と異なる場合どうしても不安になり，早くから要注意事態を想定した介入をしがちになり，他方，相談員は自分なりの自然な対応の仕方をしているため要注意事態の認識がなく，その結果，両者の間に摩擦が生じてしまうことがあるのかもしれない。

主任相談員には，相談員の自発性を尊重し，要注意事態を想定した強い介入をできるだけギリギリまで待つ，包容力のある姿勢が求められる。カウンセリングにはさまざまな考え方があり，どのような関わり方がより正しいかを容易に決めることはできない。相談員が，主任相談員にとって正しいと思われる関わり方とは異なる関わり方をしている場合でも，それはそれで有益な関わり方であることは多い。忍耐強く相談経過をモニターし，相談者と相談員の間にどんどん緊張が拡大していくような悪循環が認められた時点で介入するというのが，望ましいタイミングであろう。しかしながら，このような姿勢は主任相談員の視点から見れば，事故のリスクを高める危険な姿勢でもある。相談員を信じて任せられるだけの信頼関係がなければ，このような姿勢を維持することは不可能であろう。

一方で，相談員のほうも，要注意事態に至る可能性を感じる場合には，一人で抱え込まずに早い段階で主任相談員に知らせることが必要である。これについては次の節で詳しく述べる。

強い介入を行う要注意事態の判断は，最終的には主任相談員に委ねられているわけであるが，これをめぐっては両者の間で相互の理解と努力が必要不可欠であると言える。

②主任相談員の臨床指導のあり方についてのコンセンサス

主任相談員は相談員をサポートし，適宜，臨床指導を行うといっても，それはどの程度のものであるのがふさわしいだろうか。この点についても，必ずしもコンセンサスが得られていないように思われる。

相談員のなかには，相談現場に出ていながら自信が持てず，主任相談員の臨床指導に頼りすぎる傾向のある人がいる。主任相談員は相談員をサポートするといっても，それはあくまで，相談員が職業的カウンセラーとして一人前に相談を行うことができることを前提としたうえでの話である。相談員として報酬を受け取りながら，主任相談員から研修を受けようと期待するのは，過剰な期待だとみなされても仕方ないだろう。

逆に，相談員のなかには，主任相談員にまったく頼ろうとせず，すべて一人で抱え込もうとする人もいる。主任相談員がいかに有能でも，すべての相談を同時並行的にモニターできるわけではない。主任相談員にあらゆる要注意事態に自力で気づくよう求めるのは無理である。そこは，相談員側の協力が必要なのである。相談員としては要注意事態に至ることはないだろうと思える場合でも，深刻な内容の相談や，対応が難しそうな兆候が感じられる相談については，相談員の側から主任相談員に声をかけて早めに知らせる必要がある。

有能なカウンセラーは自分の能力の限界をよく認識し，それを超えそうな場合には適切に頼ることができるものである。自分の能力を過信したり，プライドを守るために人に頼ることを避けたりするのは，カウンセラーとして不適切なことである。とりわけSNSカウンセリングは，スタッフ間で相談しながら対応を進められることが大きな利点であるカウンセリング形態であるから，相談員はその利点を活かしたカウンセリング・スタイルを開発する必要がある。

対面で行われる個人カウンセリングでは通常，セッション中に第三者に声をかけることなどないため，普段，対面の個人カウンセリングを行っている相談員は，こうしたやり方に慣れていない。SNSカウンセリングの現場では，この点で，対面の個人カウンセリングとは異なる仕事が求められているということを，明確に認識しておくことが必要であろう。

③忙しい相談現場における信頼関係の構築

上に述べたように，主任相談員の臨床指導が円滑に生産的に機能するためには，主任相談員と相談員の間に相互理解が必要である。そもそも臨床指導は，信頼関係を基礎として行われるものであって，信頼関係が構築されないままに強い指導がなされると，たとえ適切な内容であっても，相談員の成長には結びつかないことが多い。

一人の主任相談員のもとに固定された同じ相談員のメンバーが配置されて，安定的に運用されている場合には，チームとしての意識が形成され，主任相談員と相談員の間には信頼関係が構築されやすいだろう。しかし，日々，相談員が入れ替わりながら運用されている現場も多い。その場合，忙しい相談現場では，主任相談員と相談員の間に強い信頼関係を築き上げていくことは決して容易ではないだろう。主任相談員と相談員の間に信頼関係を構築できるだけの，コミュニケーションが確保できるような職場環境を作っていくことが望まれる。

以上，主任相談員と相談員の間に軋轢が生じて，主任相談員の臨床指導がうまく機能しなくなることの背景にあると思われる要因について，考察してきた。SNSカウンセリングの現場において主任相談員の役割は非常に大きく，それが効果的に機能するような体制づくりはSNSカウンセリングの重要課題の一つである。

(4) その他

このほかにも，訓練にはさまざまな方法がある。たとえば，相談機関の外で個人的にスーパービジョンを受けるという方法がある。数人の仲間とともにグループ・スーパービジョンを受けるという方法もある。より日常的で現場に近いやり方として，ピア・スーパービジョンがある。指導者に指導してもらうのではなく，対等の立場の相談員同士で，事例を共有し，お互いに意見を出し合うというものである。

どのような方法を採るにせよ，心理的な支援は反省的実践（reflective practice）を基本とするものであることを踏まえ，日々の実践において，常に自らの実践を主体的に振り返って検討する姿勢が求められている。

4．本書の効果的な使い方

本書は，SNSカウンセラーの相談技術の向上を目的としたトレーニングブックである。そこで最後に，本書の効果的な使い方についてもここで述べておくことにしたい。

この後，本章に続く第Ⅱ部（第４～８章）は事例検討である。それぞれの章で，SNS相談の一つの事例（１回のSNS相談セッション）が提示され，それらについての考察が提示される。全部で五つの事例を扱う。読者にはまず事例の部分だけをじっくり読んでみてほしい。読者に注目してほしいポイントが，吹き出しの横に示されている。それらのポイントは詳しく考察されている部分なので，特に注目して検討してみてほしい。

事例を一通り読んだら，後に続く考察を読む前に，ぜひ自分なりに事例を振り返って考えてみてほしい。最も印象に残った相談者の言葉はどこだろうか。最も印象に残った相談員の言葉はどこだろうか。それぞれ，どういう意味で印象に残ったのだろうか。それらの言葉は，その後のやり取りのなかでどのような反応を呼び起こし，そのセッションの流れにどのような影響を与えたであろうか。それはその相談にとって，どのような良い効果（あるいは悪い効果）をもたらしただろうか。他にも印象に残った部分があれば，同様に考えてみよう。

自分だったら違ったように応答しただろうなと思うところがあれば，その局面での自分の応答を書き出してみよう。そしてその応答がどのような違いをもたらすか，どのような効果を狙ったものなのか考えてみよう。

このように，自分なりに事例を考察したうえで，考察部分を読み進めてほしい。考察は，それぞれの執筆者による一つの見方を示したものである。その意味で，決して絶対的な「正解」ではない。カウンセリングには多様な理論的視点があり，多様な働きかけ方があり，そのいずれもが効果的でありうる。つまり，カウンセリングに単一の「正解」があるわけではない。事例の後の解説を「正解」として受け取って，これで事例を理解できたと思い込むのは危険なことである。考察に提示された見方を手がかりとして，自分なりの事例理解を深めていくことが大事である。

第Ⅲ部は応答エクササイズとなっている。基本編が８，場面編が５，合わせて13の事例が収められている。それぞれの事例において，セッションの途中の３箇所で，この場面でどのように応答するかが問われる。まずは自由記述で自分なりの応答を考えてみよう。それを記入欄に書き込んでみてほしい。その後，応答例が４択で示される。どれが最もふさわしいかを選択するとともに，どうしてそう言えるのか，その理由を考えてみよう。ただ何となく直感的にそれが良さそうな気がしたというような場合でも，あらためてその理由を明確にしてみよう。職業的なカウンセラーとしては，適切に応答できるだけでなく，その応答の背後にある考えをわかりやすく説明できることも重要である。

これらの４択問題でも，妥当とされているものは一般論的に推奨される応答という意味であり，決して絶対的に正しいものと受け取らないでほしい。まして，これらの応答を丸暗記して相談現場に臨んだり，実際の相談場面でそのままコピペして用いたりなどは，決してしないでほしい。その応答の背後にある考え方を理解することが大切である。

もし，身近にSNSカウンセリングを学ぶ仲間がいるのであれば，これらの事例検討やエクササイズを材料として，互いに自分の考えを話して，一緒に考えを深めていくことをお勧めする。

【文献】

Fouad, N., Grus, C., Hatcher, R., Kaslow, N., Hutchings, P. S., Madson, M., Collins Jr, F., & Crossman, R.（2009）Competency benchmarks: A model for understanding and measuring competence in professional psychology across training levels. *Training and Education in Professional Psychology*, **3**, 10.1037/a0015832.

Knapp, S. J., VandeCreek, L. D., & Fingerhut, R.（2017）*Practical ethics for psychologist: A positive approach. 3rd ed.* American Psychological Association.

McLeod, J.（1997）*Narrative and psychotherapy*. Sage Publications.（下山晴彦監訳〈2007〉物語りとしての心理療法――ナラティヴ・セラピィの魅力．誠信書房）

Okiishi, J., Lambert, M. J., Nielsen, S. L., & Ogles, B. M.（2003）Waiting for supershrink: An empirical analysis of therapist effects. *Clinical Psychology & Psychotherapy*, **10**, 361-373.［https://doi.org/10.1002/cpp.383］

Sue, W. D., Sue, D., Neville, H. A., & Smith, L.（2019）*Counseling the culturally diverse: Theory and practice. 8th ed.* John Wiley and Sons.

杉原保史・宮田智基編著（2019）SNSカウンセリング・ハンドブック．誠信書房

全国SNSカウンセリング協議会（2018）SNS相談員に求められる能力要件．［https://smca.or.jp/SNS-counselor/requirement/］（2022年１月16日アクセス）

コラム②――SNSカウンセリングのロールプレイ体験から

［水野鮎子］

私は，SNSカウンセリングの研究会に属し，実際の相談にも関わっている大学院生です。その研究会で，メンバー全員が相談者役と相談員役の両方を体験する，ロールプレイの機会がありました。メンバー同士は互いによく知る関係でしたが，相手が誰か，どのような相談者の設定かは知らされない状態だったため，実際のSNSカウンセリングとほとんど同じ感覚で参加しました。ロールプレイとはいえ，実際にそれぞれの役になってみることで，リアルに感じ取れることが多くあったように思います。

まず，相談者役をしてみると，その体験自体が実際には滅多に得られないことであるうえ，相手がどのような人かもわからないなかで文字だけで相談するという，SNSカウンセリングならではの体験がとても新鮮でした。LINEはもともと使い慣れていたぶん，想像したよりも緊張感なくフランクな気持ちで相談を始められた一方で，自分の言葉が相談員にどのように受け取られるのだろうと不安でもありました。やり取りのなかで自分の気持ちについて話したいと感じても，ふと相談員から現実的な状況について聞かれると，相談員との応答のズレが気になり始め，不安が増していきました。文字でしかつながれないぶん，言葉に対して敏感になっていたのかもしれません。

また，自分が相談する側とはいえ，やり取りが成立するよう相談員の言葉を待つなど，話したいことを自分のペースで話しにくいもどかしさもありました。メッセージを考え，打ち込み，相手に届くまでに案外時間がかかること，相談員の様子が実際に見えないことの影響もあったのではないかと思います。返事が来るまでの間に自分のことを内省できるという良い面も感じられましたが，会話のテンポが対面よりずっと遅いことのほうが，強く印象に残りました。

そのような体験を経て，次は相談員役となり，なるべく早く返事をしようと努めましたが，いざとなると，どのような相談者か，何に関する相談か，相談者の置かれた状況など，あれこれと考えて予想以上に時間がかかってしまいます。また，聞きたいことがいくつか浮かんでも，それを相談者のタイミングに合わせて尋ねることが難しく感じ，相談の全体像を把握するにも時間を要しました。相談員として対話する場合，対面よりもテンポが遅いと感じる点は相談者として対話する場合と共通でしたが，相談中に感じることや考えることは，相談者の立場で対話するのとはまったく違いました。

このロールプレイでは，後日，相談者役と相談員役が顔を合わせてセッションの振り返りも行いました。お互いが相談中に感じていたことをすり合わせていくことで，実際の相談ではまず，わからない相手側の気持ちを知ることができ，意外な発見が多くありました。

たとえば，相談員役の際には，話を聴いていることが文字だけでも伝わるよう，柔らかく丁寧に返すように心がけましたが，相談者にはその丁寧さが“硬さ”として体験されていたと知り，そのズレに驚かされました。お互いの齟齬や自分が早合点していた部分も見つかり，相談者のことをあれこれと想像していたつもりでも，実は字面にとらわれて一面的な理解になっていたことに気づかされました。

相談者の全体像をとらえるうえで，文字での表現ばかりに目が向き，無自覚のうちに表面的な理解になっていたのかもしれません。外見・雰囲気などを含めた非言語情報や，語られていない側面があることも念頭に置いて，想像をめぐらせ，奥行きのある理解を生み出すよう努力する必要があると思いました。

ロールプレイは，いわゆる「本番」ではありませんが，だからこそ実際の相談員としての体験だけでは知り得ないことに触れることができます。理論的に学ぶことも重要ですが，こうした体験的な理解は，視野が広く，柔軟な視点を持った相談員となるために，とても貴重なものだと感じられました。

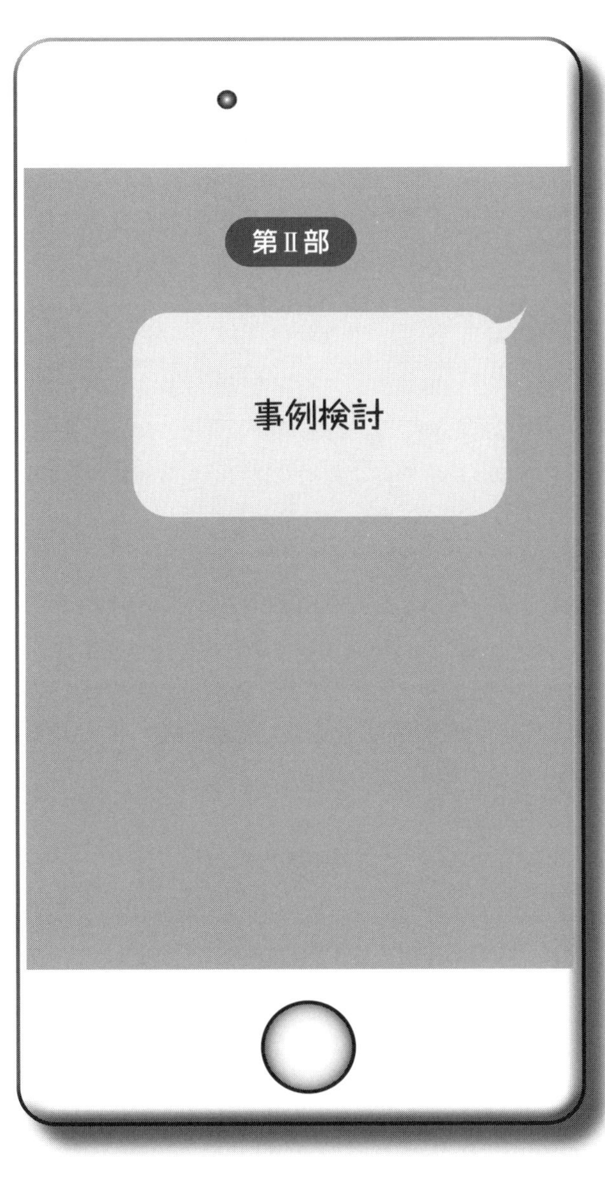
第Ⅱ部
事例検討

第4章 職場の人間関係の悩み

［杉原保史］

1. はじめに

以下に提示するのは，職場の人間関係で悩む女性からのSNS相談事例である。対応したのは臨床心理士・公認心理師の資格を持つ，30代の女性カウンセラーである。医療現場を中心に数年の職業的実践経験を重ねてきた中堅のカウンセラーであるが，SNSカウンセリングに関しては初心者であり，この事例は，研修を受けた後，初めて取り組んだものである。

以下に相談のログを提示し，その後，振り返って，いくつかの大事な応答を取り上げて検討を加える。取り上げる応答を相談ログのなかで，【検討ポイント①】のように示すので，読者も，その箇所では「その応答はどのような効果を与えているだろうか」「自分ならその箇所でどのように応答するだろうか」など，じっくり考えてみてほしい。

2. 相談のログ

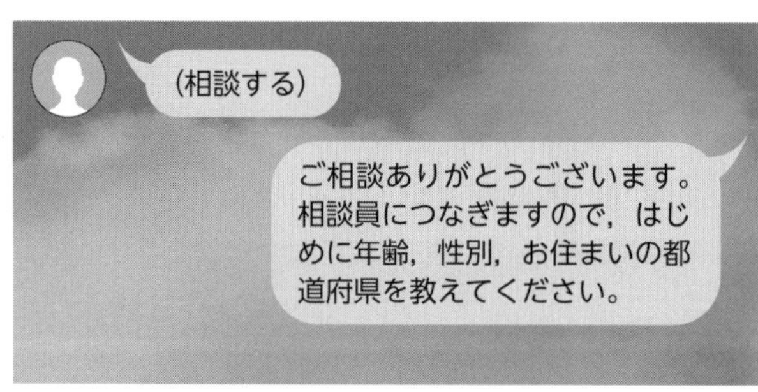

31 歳。女性です。○○県です。

お答えいただきありがとうございます。今日はどんなご相談でしょうか？

職場の人間関係で相談したいことがあります。

職場の人間関係のご相談ですね。どのようなことでしょうか？

一人，とても被害的で攻撃的で，周りを巻き込む人がいて，それによって私だけでなく周りはとても疲弊しています。

身体に症状が出ている人もいて困っています。

みんなとても疲弊しているんですね。身体に症状が出るくらいとは，大変ですね。その人とあなたはどういう関係なんですか？

はい，私もひどいときは眠りにくくなったりもしています。同じ会社に勤めていて，私と同じ専門職の人なんですが，私よりもキャリアが 10 年ぐらい長い先輩です。

眠りにくくなるくらい…周りを巻き込むって具体的にはどんな感じなんでしょう？

何か気に入らないことがあると，相手の都合はおかまいなしに，長時間，ねちねちと遠回しに嫌味な話をされます。そうやって直接，口頭でねちねち攻撃される場合もありますし，攻撃対象にされた人がその場にいないときに，何人かに作り話をして，攻撃対象にされた人を陥れるということもあります。

〇〇さんがこんなことを言っていたよ～と嘘の話をして，攻撃対象にされた人への不信感をあおるんです。

その人の話していることの９割は，嘘だと思うことにしました。

わぁ,,　その状況を想像しただけで苦しくなってきました。年上でキャリアも上の方ということで，対応の仕方も困るでしょうね。

はい，苦しいです。あとは怖いです。正直関わりたくありません。

話していることの９割は嘘だと思うようにすると，気持ちはどう変化しましたか？

「具体的にはどんな感じなんでしょう？」という質問の仕方は，主観的な反応と客観的な事実関係のどちらをも含みうるふわっとした聞き方である。これはこれで悪くはないが，より明確に事実関係に焦点づけた聞き方にするなら，「その人が周りを巻き込むときって，どんなことをしてくるのでしょうか？」という聞き方が考えられる。

【検討ポイント①】
この応答にはどのような効果があるだろうか。皆さんも考えてみてほしい。

【検討ポイント②】

その人の言葉に踊らされないよう，嘘だということを周りの人たちと共有したことで，少し楽になったかもしれません。

嘘だと私が思うことでの気持ちの変化は，なんか悲しい感じです。

仕事の見通しなど，役に立つ話もできるのに,,,そんな話をしているときにも，こっちは不信感をいっぱい抱えながらになるし，どこまで信用していいのだろうと，考えながら関わることになってしまいます。せっかくいいことを言っていても，あまり信用してもらえない彼女のことが悲しいです。

うんうん，職場の人に対して，そんなことを思いながら仕事をしないといけないなんて，悲しいですね。

彼女のことを考えての悲しさもあるんですね。

かわいそうだなと思います。オオカミ少年みたいなもので，本当のことを言っていたとしても疑って聞くので。

彼女の言葉は鵜呑みにせず，すべて確認するようにしています。

なんかこのチャットのやり取りをするまで，イライラや怒りの気持ちが強かったのですが，悲しい気持ちも強くなってきました。

その悲しい気持ちには，いろんな気持ちや思いが含まれていそうですね。

これまであなたが一生懸命に対応されてきたことも伝わってきます。

そうですね,，なんか複雑ですね。怒り，悲しさ，嫌悪感，恐怖，とかがありそうです。

けっこう頑張って対応していたので，そう言っていただいて嬉しいです。

怒り，悲しさ，嫌悪感，恐怖…その人と関わっていると，いろんな感情が複雑に絡まって出てくるんですね。

頑張って対応されているからこそ，いろんな気持ちが強く出てきているのかもしれませんね。

はい，その人と関わるとものすごく揺さぶられます。カルト宗教の教祖になれるんじゃないかと思うくらい，本当に人を洗脳するのが上手です。

頑張って対応したからこそ，いろんな気持ちも出てきて，今は疲れ切っています‥。

周りの人と共有できたのは最近なんでしょうか？

【検討ポイント③】

最近です。みんなで話し合い，そこでわかった問題をまとめて，私が上司に持って行きました。現状を知っておいてもらうということで。

彼女の性格上，もし上司がその件について注意したら，反省するよりも，むしろもっと荒れて，その攻撃が私や後輩に向かうことが予想されるので，そういう対応はお願いしない前提で話しました。

そうですか，大きな行動に出た後なんですね。今までのしんどい状況を打破しようとあなたが先頭に立って動かれて，すごいエネルギーを使われたでしょうね。

そんな後で出てきた複雑でいろんな気持ち。整理することも大事だけれど，まずは疲れ切っているご自身をゆっくりさせてあげたいなぁと感じました。

【検討ポイント④】

はい。上司には現状を伝えることはできたのですが，あの厄介さや異常さはうまく伝わらない感じで，もやっとして終わりました。

そうですね，本当にゆっくりしたいです。

あぁ，厄介さとか異常さとか，わかってほしいところがあまり上司には伝わらなかったんですね。

やはりあのしんどさは，体験しないとわかりづらいものかもしれません。これからは，何かあるたびに逐一報告することになったので，これから伝わっていけばいいかなと思います。

今日は話を聞いてくださってありがとうございました。お話しするまでは，悲しさをこんなに感じているとは思っていなかったので，驚きました。今は心も身体もゆっくり休めたいです。

まずは，周りと共有できたり，報告できる環境になったことが，とても良かったですし，あなたが取り組まれた成果ですね。

こちらこそ，お話を聞けて良かったです。ご自身の心と身体を第一に，ゆっくりされてくださいね。

ありがとうございました。無理ない程度にぼちぼちやっていきます。

それではこれで終わりますね。何かあったらまたご相談ください。

ありがとうございました。また何かあって，気持ちが追い詰められたら相談したいと思います。

はい。それでは終了のメッセージを送ります。今回はご相談ありがとうございました。

3．事例の検討

⑴　概要

職場の人間関係で悩む30代女性からの相談である。周囲にストレスを引き起こすような関わりをする先輩がいて，その先輩との関係に悩んで相談してきたものである。相談者は相談員とのチャットのやり取りを通して，この先輩に関して自分が潜在的に感じてきた感情に新鮮な驚きとともに気づいている。また，最近この先輩のことで必死に対応してきて，自分がとても疲れていることにもあらためて気づいている。

相談ログの行数は多くはなく，必要最小限のコンパクトなやり取りによる相談であるが，そのなかで一定の成果を得て，相談者も満足して終わっている。ただし，比較的ゆっくりとしたやり取りであったことから，時間的には１時間15分かかっており，やり取りの文字数は多くないものの，短時間の相談というわけではない。

職場の人間関係は，相談内容として，会社勤めの成人の相談では最もよくあるものである。ただし，職場の人間関係といっても，その内容には実にさまざまなものがある。この相談では，相談者から見て，かなり性格的に問題がある先輩が引き起こすストレスが焦点になっている。

もちろん，相談者がそう訴えているからといって，その先輩が実際にその訴えどおりの性格上の問題を持っているのかどうかは，実のところわからない。あくまで相談者の感受性が反映された報告として，受け取っておく必要がある。そのうえで，相談員としてはさしあたり，相談者の訴えを相談者なりに見た事実を描いたものとして，承認的なスタンスで聞いていく。

このような場合，その先輩をそのように見る相談者の側の感受性の特徴に一定の注意を向けつつも，猜疑的な態度にならないように気をつけることが必要である。一般に相談者は，相談に際して，自分の訴えを信じてもらえないのではないか，大袈裟に騒いでいると思われるのではないか，などと不安に思うことが多いため，この点には十分に留意する必要がある。

その先輩は，何か気に入らないことがあって職場の誰かに不満を抱くと，ネチネチと嫌味を言ったり，その人物が周りから敵意を向けられるよう，悪意ある作り話を流したりするのだという。そのような人物が職場にいれば，そこで一緒に働く人たちには相当なストレスが生じるであろう。いかに企業が業務内容や業務量を調整し，職場環境を良好に保つ努力をしたとしても，そういう人物が一人いれば，職場環境はかなり悪化してしまう。相談者本人がいかに精神的に健康な人であったとしても，こうした人物の影響によってうつや不安などが引き起こされ，メンタルヘルスに問題が生じることがある。働く人のメンタルヘルスを考えるうえで，重要な問題の一つである。

このように，相談者の悩みにおいて，外的環境における現実の問題が重要な要因となっていると考えられる場合，相談者自身の苦しい気持ちや思いだけでなく，それを引き起こしている環境の問題についての事実関係を把握することが必要になる。その際，事実関係を明確に把握する作業と，相談者自身の感情に波長合わせをして，情緒的に応答的な反応を返す作業とをバランスよく行うことが重要になる。事実関係を把握する作業に偏りすぎると取調べのようになってしまうし，逆に，相談者自身の感情への波長合わせをした応答に偏りすぎると，その後の展開に行き詰まることになりやすい。この相談経過のはじめのほうでは，主にこの点に関わる作業がなされている。相談員はこの点に関してうまくやり取りを進めている。

中盤以降は，主に相談者の対処行動を取り上げ，そうした対処行動がどのような効果をもたらしたかを探索している。そのなかで，相談者の対処行動が妥当なものとして承認されている。それとともに，相談者は，ただ必死に対処行動に取り組んできた無我夢中の状態から，そうしてきた自分を振り返って対象化して見つめる状態へと移行している。その結果，相談者の注意の焦点が環境内の問題人物から自分自身へと移り，相談者は疲れという大事な身体感覚をしっかり感じることができるようになった。これと並行して，相談者は自分の中に問題人物への怒りだけでなく，悲しみなど，複雑な感情があることに気づきを深めている。

相談を通して，相談者はゆっくり休んで疲れを癒すというセルフケアのニードを実感し，そのニードを充足する行動を取るという，今後の方向性を得ることができた。このように一定の成果を得て，相談は終了している。

SNSカウンセリングとして，十分にうまくいったケースであると言える。この相談の課題を上げるとすれば，相談員が応答を考えて返信する時間が長いことが挙げられる。チャット形式のカウンセリングでは，自分の発言が文字として相手の端末に残ることから，SNSカウンセリングに不慣れな相談員のなかには，過度に慎重になってしまい，文章の推敲を重ねてなかなか送信ボタンが押せないことがある。この点については後で考察することにしたい。

⑵　検討ポイント

【検討ポイント①】

〈わぁ,，その状況を想像しただけで苦しくなってきました〉

この「わぁ,，」という言葉は，感嘆詞のなかでも砕けた表現であり，馴れ馴れしすぎると感じる人もいるかもしれない。こうしたちょっとした言葉遣いに，相手との距離感（親密さの程度）が表現される。この距離感に関してどういうあり方が適切だと考えるかは，専門家の間でも立場によって微妙な相違があり，突き詰めて考えると難しい問題である。職業的な役割を明らかに逸脱するほどの砕けた表現は不適切であるが，この場面での「わぁ,，」はそこまでのものとは言えないだろう。ただし，その傾向が行き過ぎないよう注意が必要であるし，その後の流れのなかで，相談者がどう受けとめたかをモニターしていくことが必要である。この相談ログに関しては，相談者がこの表現に何らかの違和感を覚えた兆候は見られず，ここでの「わぁ,，」は，相談員が相談者の置かれている状況の非常な困難さに衝撃を受けたことを，効果的に伝えるものとなっていると言えるだろう。

このログでは，ここだけでなく他のところでも「うんうん」「あぁ」など，相槌や感嘆の言葉が文字にして表現されているのが目に留まる。こうした話し言葉に特有の発話を文字にして表すことによって，まるでそこに一緒に居て話しているかのような雰囲気を生じさせることができている。話し言葉に特有の相槌や感嘆の「音声」は，その音によって表象された意味を伝えるものではなく，発話者の身体性，あるいは身体的な現前性を伝えるものだからであろう。

「その状況を想像しただけで苦しくなってきました」という応答は，相談員の共感を自己開示の形で伝えた応答である。想像しただけで苦しくなってきたという表現は，相談者の置かれている状況をきわめて苦しいものとして相談員が受けとめたことを伝えている。また，相談員が相談者の苦しみを一緒に感じようとしている姿勢をも伝えている。相談が始まって，相談者がストレスフルな環境のありようを，ひととおり伝えてきたタイミングで，その環境が与える苦しさを相談員が共感的に理解したことを伝えたのは，タイミングとしても非常に適切であり，相談者が安心して話をさらに進めていくのを支えるだろう。

なお，この応答は三つ続いた相談者のメッセージのうちの，前の二つのメッセージに対する反応である。相談者は二つのメッセージを約１分間のインターバルで連続して送っている。その後，相談員がその二つのメッセージに対する応答を送信するまでに２分半以上時間がかかったため，相談者は待ちきれずに三つ目のメッセージを送ってきたのであろう。そして三つ目のメッセージが送られてきた時点では，相談員は二つ目のメッセージに対する応答（この応答）をかなりの時間を費やして推敲していたために，それを反故（ほご）にすることもできず，ワンテンポ遅れて反応を返すことになってしまった。相談の初期段階では，相談者のメッセージの発信のテンポ感がつかめないため，どうしてもこうしたズレが生じやすい。やり取りを重ねるうちに，相談者の発信のテンポを把握し，そのテンポに合わせて応答を返すように調節すれば，こうしたズレは減ってくるはずである。

【検討ポイント②】

〈話していることの９割は嘘だと思うようにすると，気持ちはどう変化しましたか？〉

少し前に相談者は，「その人の話していることの９割は嘘だと思うことにしました」と述べている。これはストレスを与えてくる問題人物から，相談者がなんとか身を守ろうとして考え出した対処法を述べたものだと言える。この表現には相談者の強い意志が感じられる。

これに対する相談員の応答，「話していることの９割は嘘だと思うようにすると，気持ちはどう変化しましたか？」は，この対処法が相談者自身の気持ちにどのような効果を及ぼしたかを問うものである。こうした問いかけにより，この対処法が有効に作用していることがわかれば，そうした対処法を自ら考案した相談者を肯定・承認し，その対処法を支持し，しばらく続けてみるよう示唆することができる。もし，この対処法がうまく作用していないことが判明すれば，難しさをシェアしたうえで，一緒に他の方法を検討することができるだろう。このように，問題に対する対処法が話題になった場合，その対処法がどのような結果をもたらしているかを探索することは，カウンセリングにおいて一般に大事なことである。

ここでは，この問いかけにより，相談者は悲しい気持ちになることが語られる。そしてその悲しい気持ちは，被害を受けて悲しいというよりも，むしろ問題人物のことを思って悲しいというものである。このように問いかけられる前には，相談者の問題人物に対する感情は，怒りや苛立ちが目立っていた。この問いかけは，相談者に，これまで相談者がしてこなかったような仕方で自らの気持ちに注意を向けるよう促したのであろう。相談者自身，そこで自分がその問題人物を悲しく思っていることに気づき，そのことに驚いている。相談員のこの問いかけによって，相談者は，自らの潜在的な体験に新たに注意を差し向け，それを顕在的な体験に格上げすることができたのである。

【検討ポイント③】

〈周りの人と共有できたのは最近なんでしょうか？〉

相談員のこの応答に先立って，相談者は「頑張って対応したからこそ，いろんな気持ちも出てきて，今は疲れ切っています‥」と述べている。それまで相談者は，この問題人物に対する怒り，悲しさ，嫌悪感，恐怖といった感情について話していた。こうした感情はいずれも，有害な外部環境である問題人物に警戒的な注意を向けて感じられる，その人物に対する感情である。それがここに来て，相談者の注意の方向は問題人物から自分へと向かっている。

おそらく，この相談のなかで相談員と一緒にそのプロセスを振り返ったことで，そこから少し距離を取ることができるようになったのであろう。それまで問題人物に釘付けになっていた注意が，そこから解放され，自分の状態へと向けられた。その結果，相談者は「今は疲れ切っています」と，疲れに気づくに至った。自分に対して優しく穏やかな注意が向けられ，疲れが感じられるようになった。疲れは，休息を求めるニードと結びついた身体感覚である。それゆえ，このタイミングで，その疲れの感覚を大事に受け取って，休息を取るセルフケアの行動に移行できるよう促したいところである。

ここで相談員は，周りの人と共有できた時期はいつ頃かという，事実関係を調べる質問をした。これはわざわざこのタイミングでする必要がない質問であり，相談者のこのメッセージを受けとめて，その心の動きを促進するチャンスを逸するものであると考えられる。

【検討ポイント④】

〈そんな後で出てきた複雑でいろんな気持ち。整理することも大事だけれど，まずは疲れ切っているご自身をゆっくりさせてあげたいなぁと感じました〉

これまで相談者は問題人物に警戒的な注意を向け，その人物に対する激しい感情に駆られながら，必死になって現実的に対処の行動をとってきた。しかし，ここで相談をするなかで，自分自身の心身の状態に穏やかな注意を向けることができるようになり，「今は疲れ切っています」と自分の疲れに気づくに至った。これについては上の【検討ポイント③】で見てきたとおりである。

相談員は，そのタイミングではこのメッセージに敏感に反応できず，事実関係を尋ねる質問を投げかけたのであった。相談者はこの質問に答えて，職場でとった行動について説明している。相談員はその説明を踏まえて，相談者の苦労を労うとともに，相談者がその疲れの感覚を大事にして，これまで張り詰めてきた緊張を解き，ゆっくり休むよう促している。相談者が「疲れ切っています」と発言したところからワンテンポ遅れたものの，相談者の職場での取り組みを踏まえることで，より力強い反応を返すことができている。

このように，相談員の対応は，たとえその時点で最も効果的と思われるような反応をし損ねて，チャンスを逃したように見える場合でも，基本的な方向性さえ堅持していれば，後から十分にリカバーできるものである。この相談の流れが示しているように，そこだけに注目すればズレた応答のように見えるものが，もう少し視野を広げてみると，しばらくの後に，より力強い応答がもたらされる伏線となっていることはよくある。

初心のカウンセラーは，すべての応答を正しいもの，最善のものにしなければならないと思い込んでいることが多い。このような思い込みがあると，相談に取り組む際の緊張感が不必要に高まってしまう。少々タイミングがズレたり，流れにフィットしない応答になったとしても，カウンセリングの基本姿勢さえ外さなければ後から十分にリカバーできるし，単にリカバーする以上の収穫が得られることも多いと知っておけば，少しはリラックスして相談に臨むことができるようになるだろう。相談に際して無駄な緊張を取ることも，カウンセラーとして大事なことである。

(3) 応答に時間がかかりすぎる問題

SNSカウンセラーから，どうしても応答メッセージの作成に時間がかかりすぎてしまうという悩みを相談されることがしばしばある。こうした悩みの背景には，SNSカウンセリング特有の事情がある。通常の対面の相談や電話相談では，相談員の反応は常に生み出されながら瞬時に消えていく。しかしSNSカウンセリングでは，応答メッセージがすべてそのまま相談者の端末に残る。そのため過度に慎重になってしまい，なかなか送信ボタンが押せずに，何度も見直し，推敲し直してしまうのである。

応答を返すまでの時間は，会話におけるテンポ感を作り出す。相談を進めるうえで大事な要素である。相談員の応答が遅いと，相談者は待ちきれずに，連続していくつものメッセージを発してくることになりやすい。SNSカウンセリングは時間あたりに扱える情報量が少ないため，あまり話題が広がると拡散してしまい，収集がつかなくなる。それを防ぐためには，相談者のチャットのテンポに合わせることが基本的に大事である。ただし，相談者のなかには，落ち着いて内面に注意を向けることなく，非常に早いテンポでメッセージを連発する人もいる。そういう場合には，ある程度はテンポを合わせつつも，少し落ち着いたペースに誘導していくことが必要となる。

送信ボタンを押すのがどうしても不安で，何度も見直してしまう相談員は，自分のメッセージが相談者にどう受け取られるだろうと不安になっていることが多い。そういう相談員は，メッセージを送信した後，時々，「今，私が言ったことは，あなたにとってどんな感じがしましたか？」「私はそんなふうに思ったんですが，○○さんはそれをどのように受け取られましたか？」などと送信し，相手の反応を尋ねてみるのがよいだろう。自分の発したメッセージを相手がどのように受け取っているかが不安であれば，それをストレートに尋ねてみるのが一番である。そうしたやり取りの積み重ねによって，送信するメッセージに対する安心感や自信が徐々に高まっていくことが期待される。

そのように尋ねてみて，こちらが意図したのとは違うような受け取り方をされていることがわかることもあるだろう。相談者が傷ついていたり，疎外感を感じていたりするのがわかることもある。そのような場合には，そのような気持ちにさせてしまったことを率直に謝り，その気持ちをじっくり傾聴したうえで，もう一度振り出しに戻って，相談された悩みについて取り組んでいく。こうした作業を丁寧にすることで，相談員への信頼感はかえって高まることが多い。

送信ボタンを押すのは，誰にとっても勇気が要ることである。熟練した相談員でも，それが気楽になることはない。むしろ相談員としての経験を積むにつれて，気楽に送信ボタンをホイホイ押すようになっていたら，それこそ要注意であろう。経験を重ねて慣れていくこと，不要な緊張を取り除くことは必要であるが，その一方で，必要な緊張感まで失ってはいけない。

人の心はどこまでいってもわからないものである。ましてや，SNSカウンセリングのような文字だけのチャットでは，相手の心はほとんどわからないと心得ておく必要がある。わからないままに，それでも送信ボタンを押さないと前に進めない。どれだけ熟練したとしても，送信ボタンを押すことには本質的に賭けの要素が伴う。適切な理解によって相手を助けるかもしれないし，理解が足りなくて相手を傷つけてしまうかもしれない。それを前もって完全に把握することなど誰にもできない。そのことをありのままに受け容れることも，カウンセラーとして必要なことである。

死にたいと訴える若い女性

[宮田智基]

1．はじめに

「死にたい」という訴えは，SNSの世界にあふれている。その訴えには多くの場合，助けを求める気持ちも含まれている。しかし，これらの気持ちは，身近な人たちには打ち明けにくいものである。相手に引かれてしまったり，「つらいのはみんな一緒だ」と説教をされたりすることを怖れる思いもあるだろう。そのため，こうした気持ちはSNSの世界に表現されることになる。

SNSカウンセリングには，「死にたい」という訴えが頻繁に寄せられる。その際，死にたい気持ちの背景にある思いを，しっかりと聴いていくことが求められる。どのようなストレス状況にさらされているのか。そのストレス状況をどのように意味づけ（認知），どのように感じ（感情），そしてどのように対処してきたのか（行動），そしてどのような対人関係が繰り返されているのかなどを明確にしていく。

希死念慮が強くなるのは，自己嫌悪や劣等感，寂しさや怒りなどの感情に圧倒されているときが多いだろう。相談員は，そうした訴えにしっかりと耳を傾け，相談者のつらい感情に共感的に寄り添おうとする。そして，相談者がそうした感情を徐々に抱えられるように援助していく。また，SNSカウンセリングでは，適切な支援機関につないでいくことも重要であろう。

本章では，死にたいと訴える若い女性の事例をもとに，その対応について検討したい。

2．相談のログ

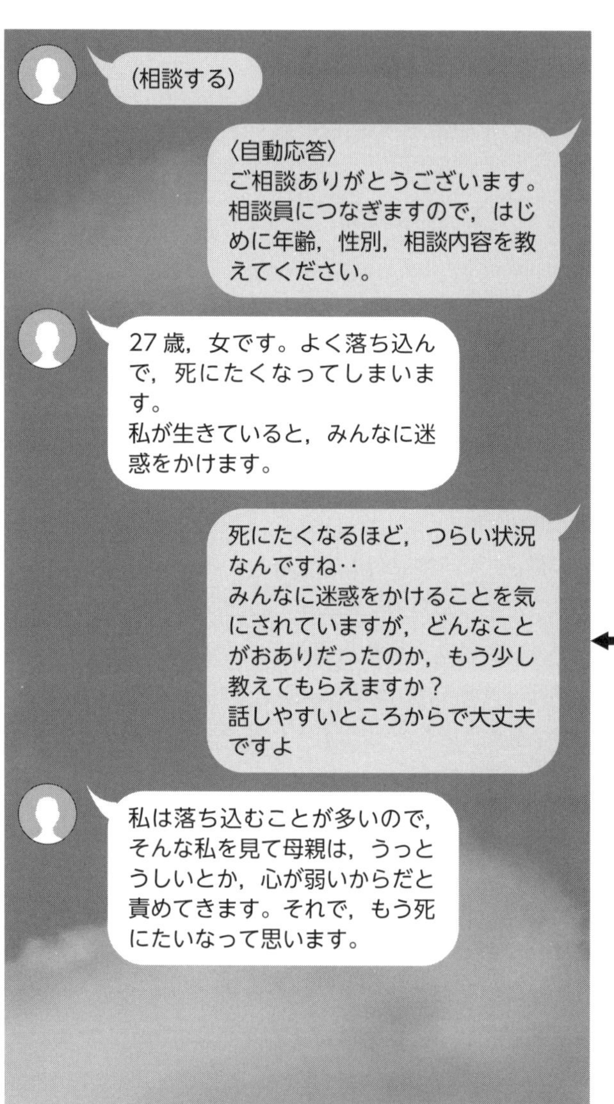

【検討ポイント①】
この応答について後で検討してみよう。

お母さんに，ひどく責められるんですね‥
ただでさえ落ち込んで苦しいのに，お母さんからそんなふうに責められたら，余計に苦しくなってしまいますね‥

【検討ポイント②】

そうなんです。母親は昔から厳しい人で，責められたり，否定されてばかりでした

これまでも，とても苦しい思いをしてこられたんですね‥
お母さんに責められたときは，どんな考えが頭に浮かんできますか？

母親からきつく言われると，私はいないほうがいいんじゃないかって思います。それで死にたくなってしまいます…

お母さんから責められると，「自分はいないほうがいいんじゃないか」って考えが浮かぶんですね。その考えが，さらに気持ちを落ち込ませているような面もありますか？

はい，あります。そういうことを考えると，余計に落ち込んでいきます。

お母さんから責められるだけでもつらいのに，自分でも自分を落ち込ませる「考え」が浮かんで，余計に苦しくなっているのかもしれませんね。
このパターンから抜け出すことも，一つの目標になるかもしれませんが，いかがでしょうか？

それは，たしかにそうかもしれません。マイナスのほうに考えて，どんどん落ち込んでいきます。それで余計に母親に責められます。

悪循環に陥ってしまう感じですね‥
最近も，お母さんに責められるようなことはありましたか？

はい。先日も，私が残業で遅くに帰ると，あんたがドジで，要領が悪いからだって笑われました‥

ひどい！！ 残業で疲れて帰ってきて，どうしてそんなことを言われないといけないんだって，腹が立ちますね！

腹が立つというか‥とにかくショックで‥何というか，モヤモヤした気持ちになりましたモヤモヤした気持ちって，どんな気持ちか，もう少し言葉になりますか？
というのは，そのモヤモヤした気持ちのなかに，きっといろんな思いが含まれていると思うんです。

言われたときは，えっ！って思って，茫然としてました。その後，もう嫌だと思って，そのまま部屋行って泣きました…

残業して疲れて帰って，そんなふうにお母さんに笑って言われたら，私だったら「は?!」って，腹が立つと思います。

そうですね。たしかに，なんでそんなこと言われないといけないんだって思いますね。だんだん，腹が立ってきました　笑

今までは，あまり腹は立ってなかったんですか？

そうですね。普段は，落ち込んで，どんどんマイナスになって，死にたくなります…。うちの母親は変だと思っていたんですが，自分のなかでも麻痺していたのかもしれません。

お母さんに責められることがあまりに多かったので，正当な怒りまで感じにくくなっていたのかもしれませんね。

そうですね。うちの親はおかしいです。なんだか，気持ちがスッキリしました。
スッキリできたなら良かったです。お母さんに責められたときに，「私はいないほうがいいんじゃないか」って考えると，どんどん落ち込んでいきますし，「なんでそんなこと言われないといけないんだ」「うちの親はおかしい」って考えると，お母さんに腹が立つ方向にいってスッキリする面もある感じでしょうか。

そうです！あたっています！すごいですね！
ありがとうございます！
考え方次第で，気分も変わる面があるんです。落ち込む方向に考えていることに気づいたら，他の考え方もできるようになると，マイナス思考の渦から抜け出しやすくなります。
今日だったら，「なんでそんなこと言われないといけないんだ」って考えたことが，抜け出すきっかけになったりします。

なるほど，自分の考え方が少しわかってきました。いつも，「私はダメだ」とか「私はいないほうがいいんだ」って思うので，落ち込んでいっていました。他の考え方もできるようになりたいです。

カウンセリングでは，こういうことを一緒に考えていったり，しんどかったことを話してもらったりして，今の状態から少しでも生きやすくなっていくことを目指します。そういうことには関心はありますか？

そうですね。カウンセリングは，前から受けてみたいと思っていたんですが，なかなか勇気が出ませんでした。そこで否定されたら，立ち直れないと思っていました。

否定されたらと不安になるのは，無理もない気持ちだと思います。今日，ここに相談に来るのも，きっと勇気がいることだったと思います。

そうですね。正直，今日もドキドキしていました。
ネガティブなことを言うと，責められることが多かったので‥

お母さんと重なって，ネガティブなことを話すと，責められるような怖さがあったんですね。
今回，相談できたことは，とても大きな一歩だと思います。

ありがとうございます。優しくされても，ホントはどう思っているんだろう？迷惑じゃないかなって，つい心配になります

ホントはどう思っているんだろうって不安になってくるんですね‥。
今日は私と話していて，少し心配になったりもしましたか？

【検討ポイント③】

正直言うと，少し心配でした。嫌なことを言われたら，すぐに相談をやめようと思っていました（笑）でも，話していて優しい感じがするし，母親とは違う感じの人だということはわかります。

ありがとうございます。少しご心配もおありだったようですが，「お母さんとこの人は違う」という感覚が持てたのは，とても大きいと思います。

また，この『○○ SNS 相談』に来てくださったらと思いますし，対面でのカウンセリングも考えて良いかもしれませんね。

たしかに友達に話すより，話しやすいと思います。カウンセリングは，はじめて受けましたが，しっかり聞いてもらえるので，話しやすかったです。近くで通えそうなところを探してみます。

たとえば，「○○○○」というサイトがあって，近くでカウンセリングを受けられるところを検索できます。URL を転記しておきますね。https://www.○○○○ .jp/

死にたくなるようなつらい気持ちが，少しでも楽になることを願っています。
今日は，お話になりたいことは，話せましたか？

はい。ありがとうございます。話ができて，だいぶスッキリしました。
カウンセリング，思い切って行ってみようと思います。

こちらこそ，ありがとうございました。
カウンセリング，是非，チャレンジしてみてくださいね。
苦しい気持ちから抜け出す助けになると思います。

また，この『○○ SNS 相談』も，○月○日までは毎日相談を受け付けていますので，また話したくなったらいつでも来てくださいね。その際は，別の相談員が対応することになりますが，今回の相談内容を確認してから対応することもできますので，ご安心ください。

わかりました。また相談させてもらうと思います。今日はありがとうございました。お話できて良かったです。

こちらこそ，勇気を出して相談してくださって，ありがとうございました。
自分で抱え過ぎず，誰かに援助を求めることは，とても大切な力だと思います。
是非，カウンセリングを上手に活用していただけたらと思います。

それでは，最後に終了の定型文をお送りしますね。
本日はどうもありがとうございました。

こちらこそ，ありがとうございました！

〈終了の定型文〉

3．事例の検討

⑴　概要

本事例の相談者は，死にたい気持ちを訴える20代後半の女性である。母親から責められることが多く，「私はダメだ」「みんなに迷惑をかける」「私はいないほうがいいんじゃないか」という自動思考がよぎり，気分も沈んで希死念慮を抱きがちであった。しかし，相談員の介入に応じて，自分の気持ちをしっかりと言葉にすることができており，心理的な健康度は比較的高いものと思われる。相談員は，母親から責められるつらさに受容・共感的に寄り添いながら，死にたい気持ちの背景にある思いを探索している。

相談者は，第一声から自発的に「私が生きていると，みんなに迷惑をかけます」と語っており，否定的な自動思考が頻繁に浮かんでいると考えられた。そのため，相談員は，ごく早い段階から自動思考を尋ねる質問（〈お母さんに責められたときは，どんな考えが頭に浮かんできますか？〉）を行っている。相談者は，「母親からきつく言われると，私はいないほうがいいんじゃないかって思います。それで死にたくなってしまいます…」と答え，「ストレス要因→自動思考→希死念慮」という流れを明確に語った。相談員は，「私はいない方がいいんじゃないか」という考えが，さらに自分を落ち込ませている面があるかを確認し，そのパターンから抜け出すことが目標になるのかを尋ね，今回の相談の目標を共有しようとしている。

次いで，母親に責められた具体的なエピソード（ある日の出来事）を尋ねている。エピソードを取り上げることで，相談者のパーソナリティ特徴，つまり「認知・感情・行動・対人関係のパターン」（宮田，2019）をより明確にしようとしている。相談者は，残業で帰りが遅くなった際に，母親から「あんたがドジで，要領が悪いからだ」と笑われたエピソードを語った。相談員はさぞ腹が立っただろうと同調的な応答をしたが，相談者は怒りを語らず，「モヤモヤした気持ち」を表現するのみであった。そのため，「モヤモヤした気持ち」をさらに言語化することを促したり，相談員であれば腹が立つと思うことを自己開示的に伝えたりして，相談者の感情表現を促すことを試みている。そのなかで，「なんでそんなこと言われないといけないんだ」という自動思考が浮かび，母親への怒りが表現されてスッキリした気持ちが語られた。

攻撃の矛先が自分に向けば，自責や自己嫌悪を招いて落ち込みになるが，他人に向けば怒りや苛立ちとなる。落ち込みがちな人は矛先が何かと自分に向かい，自分を責めて抑うつ的になる傾向がある。そのため，正当な怒りを誰かに表現し，それを受けとめられる体験が有効に働くことが多い。また，本事例では，落ち込むときと苛立つときの認知と感情のパターンについて言及し，考え方が変わると気分も変わることについて心理教育を行っている。

本事例の相談者は，自分の心を内省し，それを言葉にする力を有しており，カウンセリングへの適応性も高いと考えられる。そのため，後半ではSNSカウンセリングに加えて，対面カウンセリングにつなぐことを意図した介入が行われている。しかし，SNSカウンセリングから他の支援機関につなぐことには，特有の難しさがある。杉原・高間（2019）は，「SNSカウンセリングの第一の特徴は，相談への敷居が非常に低いことである。これは，SNSカウンセリングの大きなメリットである。しかし，別の角度から見れば，これは次のステップへの敷居が高いことを意味する」と述べている。他の支援機関につなぐには，相談への動機づけをいかに高めることができるかが鍵となる。

SNSカウンセリングはその敷居の低さから，多くの人にとって「はじめてのカウンセリング体験」になる可能性が高いものである。SNSカウンセリング体験の質を高めることが，その後の相談への動機づけを高めると考えられる。SNSカウンセリング体験の質を高めるためには，安易につなぐことを急がず，まずはSNSカウンセリングにおいて，しっかりと相談者の気持ちを受けとめることである。相談者の問題を十分聴く前に，〈このことは，誰かに相談していますか？〉〈(相談者が学生の場合）スクールカウンセラーに相談するのはどうですか？〉などと介入すると，「学校には知られたくありません」などの抵抗に合い，SNSカウンセリングを停滞させてしまうことが多い。むしろ，相談者との「今，ここで」のSNSカウンセリング体験の質を高め，カウンセリングを受けることの意味を体験的に理解してもらうことが重要である。

最後に，自殺リスクのアセスメントについて触れておきたい。今回は，話題の中心が死にたい気持ちの背景にある思いに容易に移行することができたので，自殺リスクをアセスメントする質問は行わなかった。しかし，希死念慮が強く，自殺リスクが高いと判断すれば，〈死んでしまいたい気持ちを，何か行動に移したことはありますか？〉などを尋ね，緊急対応が必要かどうかを慎重に吟味する必要があるだろう。

(2)　検討ポイント

【検討ポイント①】

〈死にたくなるほど，つらい状況なんですね‥
みんなに迷惑をかけることを気にされていますが，どんなことがおありだったのか，もう少し教えてもらえますか？
話しやすいところからで大丈夫ですよ〉

SNSカウンセリングは，お互いの顔が見えない状況のなかで，文字のみのやり取りで進められる。相談者にとっても相手の顔が見えない状況での相談は，大きな不安が伴うものである。相談者は，不安を抱えながらも，思い切って相談開始のボタンを押す。すると，自動応答で〈ご相談ありがとうございます。相談員につなぎますので，はじめに年齢，性別，相談内容を教えてください〉というメッセージが送られてくる。それに答えると，相談員からはじめてのメッセージが送られてくる。その文言によって，相談員の第一印象が形成され始める。相談員からのファーストメッセージは，相談者の不安を軽減するような，安心感を与えるものであることが望まれる。

今回のファーストメッセージはどうであろうか。相談者のつらい気持ちを汲むような「感情の反射」，どんなことがあったのか詳しく尋ねる「質問」

に加えて，「話しやすいところからで大丈夫ですよ」という言葉を添えられている。この添えられた言葉は，相談員の配慮が垣間見えるものになっている。

SNSカウンセリングでは「質問」が多用されがちであり，その文字のやり取りを見ると，事務的応答や事情聴取のような印象を相談者に与えることがある。たとえば，〈みんなに迷惑をかけることを気にされていますが，どんなことがおありだったのか，もう少し教えてもらえますか？〉だけであれば，やや事務的な印象を与えるのではないだろうか。相談員の表情は相談者には見えないので，相談員の配慮や心遣いを文字にして一言添えることは重要である。それは，相談者が安心して話すことができるように保証する働きがあり，事務的な印象を和らげる「クッション」のような役割を果たすのではないだろうか。

【検討ポイント②】

〈お母さんに，ひどく責められるんですね‥
ただでさえ落ち込んで苦しいのに，お母さんからそんなふうに責められたら，余計に苦しくなってしまいますね‥〉

SNSカウンセリングにおいては，「感情の反射」のみでは相談者の表現を促すことは難しく，「感情の反射」と「質問」を組み合わせて使うことが効果的であることが知られている（杉原・宮田，2018）。そのため，「感情の反射」と「質問」を組み合わせて送ることが，SNSカウンセリングの基本的な応答になっている。

しかし，質問の仕方によって，対話の流れを大きく方向づけてしまうこともある。ともすると，「クライエントセンタード」ではなく「カウンセラーセンタード」になり，相談者が話したいことではなく，相談員が聞きたいことを尋ねることになりかねない。上記の相談ログにおいても，〈これまでも，とても苦しい思いをしてこられたんですね‥。お母さんに責められたときは，どんな考えが頭に浮かんできますか？〉と尋ねた後は，「認知」をめぐる対話に相談員がリードしている側面も否めない。質問をする際は，相談者が話したいであろう話題を，または相談者が納得して対話を進められるであろう話題を質問するように心掛けたい。

それでは，【検討ポイント②】の応答を見てみよう。この応答ではあえて質問はせず，「感情の反射」に加えて同調的応答を返している。「感情の反射」のみでは，「はい‥」という応答しか返ってこないことが多いので，〈ただでさえ落ち込んで苦しいのに，お母さんからそんなふうに責められたら，余計に苦しくなってしまいますね‥〉と同調的応答を返すことで，「そうです，そうです」という気持ちを引き出し，話すことのモチベーションを高めることを意図している。相談のスタート地点であるだけに，こちらから質問して話題を方向づけるのではなく，相談者の話したい気持ちや安心感を高めることを意図した介入である。それでも，相談者から「はい‥」という応答しか返ってこない場合もあるので，次の「質問」は準備するようにしておきたい。

【検討ポイント③】

〈ホントはどう思っているんだろうって不安になってくるんですね‥。今日は私と話していて，少し心配になったりもしましたか？〉

相談者は，母親から責められたり，否定されたりすることが多く，内的には「自分を責める他者イメージ」を有しており，その色眼鏡を通して他者を見るので，さまざまな対人関係において「責められる不安」を感じやすいことが想定される。今回のSNSカウンセリングにおいても，「そうですね。正直，今日もドキドキしていました。ネガティブなことを言うと，責められることが多かったので‥」と述べていた。相談員は，母親との間で形成された「自分を責める他者イメージ」と相談員を区別できるようになることを意図して，〈お母さんと重なって，ネガティブなことを話すと，責められるような怖さがあったんですね。今回，相談できたことは，とても大きな一歩だと思います〉と伝えている。すると相談者からは，「ありがとうございます。

優しくされても，ホントはどう思っているんだろう？迷惑じゃないかなって，つい心配になります」という答えが返ってきた。相談員は優しく応答してくれているが，実際はどう思っているんだろうという不安がよぎっている可能性が考えられた。そこで相談員は，〈ホントはどう思っているんだろうって不安になってくるんですね‥。今日は私と話していて，少し心配になったりもしましたか？〉と尋ねている。「今，ここで」の相談者-相談員関係を取り上げたわけである。

SNSカウンセリングにおいては，「今，ここで」の相談者-相談員関係に生じている転移的不安を取り上げることはあまりないだろう。しかし，本事例の相談者はさまざまな対人関係において「責められる不安」を感じやすいことが想定されるために，このテーマについて相談者と話し合うことには意味があるだろう。相談者は，「正直言うと，少し心配でした。嫌なことを言われたら，すぐに相談をやめようと思っていました（笑）でも，話していて優しい感じがするし，母親とは違う感じの人だということはわかります」と述べ，相談員と母親とを区別するような言及が見られた。相談員はこの区別を強化するために，〈ありがとうございます。少しご心配もおありだったようですが，「お母さんとこの人は違う」という感覚が持てたのは，とても大きいと思います〉と伝えている。

本事例の相談者の「責められる不安」は根強いものであり，こうした介入によって容易に軽減されるものではないだろう。しかし，〈お母さんと重なって，ネガティブなことを話すと，責められるような怖さがあったんですね〉〈「お母さんとこの人は違う」という感覚が持てたのは，とても大きいと思います〉などを伝えることで，自分の不安の性質について考えるヒントは得られたのではないだろうか。

4．おわりに

本事例の相談者は成人であり，しかも内省力や応答性の高いケースであったために，SNSカウンセリングのプロセスもスムーズに進んだものと考えられる。成人でも病態水準の重いケース，または中高生のケースでは，ここまでスムーズには進められないだろう。

しかし，そうした場合であっても，「死にたい」と訴える相談者であれば，基本的には本事例と同様の対応をとることが有効であると考えられる。すでに述べたとおり，死にたい気持ちの背景にある思いをしっかりと聴き，どのようなストレス状況にさらされており，そのストレス状況をどのように意味づけ（認知），どのように感じ（感情），そしてどのように対処してきたのか（行動），そしてどのような対人関係が繰り返されているのかなどを明確にしていく。そのプロセスのなかで，相談者の反応を見ながら，どのような介入を試みることができるかを模索することになる。介入に対する相談者の反応が良ければ，より踏み込んだ介入を試み，相談者の反応が悪ければ別の介入を模索し，そのときにできる最大の貢献は何かを考えながら関わることが望まれる。

そして，SNSカウンセリング体験の質を少しでも高めることが，わずかばかりでも希望を喚起することにつながり，絶望のなかで「死にたい」と苦しむ状況から抜け出すきっかけになることを願っている。

【文献】

宮田智基（2019）SNSカウンセリングの進め方と基本スキル．杉原保史・宮田智基編著　SNSカウンセリング・ハンドブック．誠信書房，pp.38-62.

杉原保史・高間量子（2019）さまざまな支援リソースにつなぐ――リファーの技術．杉原保史・宮田智基編著　SNSカウンセリング・ハンドブック．誠信書房，pp.100-115.

杉原保史・宮田智基（2018）SNSカウンセリング入門――LINEによるいじめ・自殺予防相談の実際．北大路書房.

コラム③――SNS主任相談員を経験して心に思うこと

［花木敬子］

現在，SNSカウンセリングの現場で，主任相談員として子どもの相談を中心に関わっています。始めたころ，子どもたちとよく次のような会話をしました。

相談員：こんにちは，相談員です
子ども：こんにちは　これ機械が話してるんでしょ？
相談員：人間がお返事してますよ　気になりますか？
子ども：へえ～　すごい…

ゲームや占いなどのチャットボットに慣れた子どもたちに対し，大人がリアルタイムで行うSNSカウンセリングが始まって間もない頃でした。

このSNSカウンセリングの特筆すべきところは，コミュニケーションの苦手な子どもの「困った」の声に，早めに出会えるところだと考えています。誰の視線も気にしないでよい状況で，自分のペースで発信し，返信のメッセージを読んで，次の言葉を考える時間があることは，リアルな会話に近い状況で，自分の気持ちや考えを発信し整理していくことの可能性を引き出せているのではないでしょうか。

対人関係に悩みを抱える大人のなかには，今まで悩みごとを誰にも話したことがないという方が少なからずいらっしゃいます。児童期から，「困った」とき相談しようと試みながらも，うまくまとまらず，周囲の話すスピードについていけず，諦めてしまうことを繰り返し，青年期に入る頃には他者に話すことをやめてしまったのだろうと感じます。大学の学生相談の臨床現場において，小・中学生の頃に誰かに相談する経験を積むことができていたなら，今の状況も少しは違ったのかもしれないと思うことがあります。それを可能にする一つの選択肢が，気軽に話せるSNSカウンセリングなのではないかと考えています。

SNSカウンセリングの現場では，子どもたちから感じる「助けて」のサインを見逃さないために，チャットの会話に集中しています。相談者の気持ちに寄り添いつつ，冷静に状況を整理しリスクアセスメントしていくこと，画面に記録が残るので，後から読み返した子どもたちが傷つかないような言葉選びをすることなど，さまざまなことに注意を払いながら進めていきます。「困りごと」になるまでの経緯を文字のみで聴き取っていくには，カウンセラー側にも「粘り強さ」が求められます。語義のすれ違いを修正しながら，飽きさせない工夫も必要です。

専門家である相談員の方々でも，非言語情報がまったくない状況は，かなり難しい相談現場ではないかと考えています。相談者の表情・視線や声のトーン，または話している場所など，何もわからない状況で文字のみによる会話に集中していると，意図せず「何とかしてあげたい」気持ちが優先してしまうことがあります。主任相談員として，相談内容を俯瞰的にとらえ，非言語情報を客観的な視点で補い，より実像に近い臨床像や主訴の見立てを相談員とともにアセスメントすることを目指しながら関わるようにしています。対面の相談ではあり得ない立場であり，難しさを感じながら日々取り組んでいます。

SNSカウンセリングでの会話の積み重ねにより，相談することに慣れてきた子どもたちは不安が少し軽くなり，現実生活でも相談ができて，家庭や学校などからの支援につながることがあります。また，そうならなくても一度でも相談した経験が次につながるのではないかと期待しています。

SNSの普及はスマホとともに加速し，身近なものとなっています。そこに思いをつぶやく子どもは多く，また低年齢化しています。定型的な返答は，不安感の強い子どもに対し，諦めを生み出してしまいます。それゆえに「人の温かみ」を感じる対話を目指しています。子どもたちのつぶやきに対し，「あなたの話を全力で聴くよ」という思いを込めて，カウンセラー自身の言葉で温かく関わることは，普段と違う新鮮で感情の伴うエピソードとなって心に残ると信じています。

すれ違いが生じやすい事例

[畑中千紘]

1．はじめに

文字でのやり取りを中心に進むSNS相談では，どれほど気をつけていてもコミュニケーション上のずれが生じることがある。齟齬が生まれるのを完全に避けることができない以上，すれ違いが起こったときに冷静に状況を判断し，適切な対応を行うための準備をしておく必要があるだろう。

本章では，相談者と相談員の間でミス・コミュニケーションが何度か生じたケースを提示する。相談者は新社会人として働き始めたばかりの20代男性であるが，上司から注意されることが続き，仕事に行くのがいやになってしまったという。相談員の言葉に対し，相談者からの応答はすぐには返ってこず，毎回，少し時間を空けて送信されていた。このような時間感覚も想像しながら相談員の立場になって読み進めてみると，すれ違いが起こる場面で少し緊張感が高まるかもしれない。そうした緊張感のなかで，自分ならどのように応答するのかを考えてみるのもよいだろう。

2．相談のログ

ご相談ありがとうございます。相談員につなぎますので，はじめに年齢，性別，お住まいの都道府県を教えてください。

23歳，男，○○県。

こんにちは。ご相談いただきありがとうございます。今日はどのようなことでご相談でしょうか。

明日，仕事に行くのがいやで。
なんかすでにお腹が痛いです。

お仕事が…，そうなのですね。
お腹が痛いとは心配です。

仕事休みたいって思ったりもするんですけど，どうしたらいいですか？やっぱり休むのはよくないですよね。

お身体に出るほどお仕事が負担になっておられるのかもしれないですね。休みたいとお感じになるのは何か心当たりがおありでしょうか？

上司がすぐ怒るんです。
自分だけ怒られる回数が多いので困ってます。

なるほど，それはおつらいですね。その上司の方が特に厳しい感じなのでしょうか？

他の人はよくわからないですけど，隣の課の上司は優しいのでうらやましいです。
僕だけすぐ注意されるのでいやなんです。
この間も営業先に行った後，社会人としての礼儀をもって接しろ，って言われました。でも失礼なこと言った覚えないですし，なんで！って思いました。

自分だけ注意されているという感じがするのですね。

いや，本当にそうなんです！

だからこそ，おつらいのですよね。

【検討ポイント①】
ここではどのようなことが起こっているだろうか？
この後の検討ポイントについても，皆さん自身で考えてみてほしい。

同期は３人いるんですけど，こんなに注意されてるのは僕だけなんで。不公平です。なので，明日の仕事も行きたくないです。
僕が新人だからいじめてくるんですかね？

うーん，どうでしょう…。上司の方は，あなたが困っておられること，わかっていらっしゃらないのでしょうか？

【検討ポイント②】

えっ，そんなことないと思います！
新人って知ってますし。怒られたらみんな困ると思います。

そうですね，ややこしい書き方をしてしまい失礼しました。あなたがお腹が痛くなるくらいつらい気持ちでいることを，上司の方は気づいておられない可能性があるかなと思ったのです。

それはわからないです。でも優しい上司もいるので，優しくしてほしいです。

そうですよね。行きたくなくなってしまうお気持ちはよくわかるなと思いました。上司の方とお話しされるとき，「具体的に何が悪かったのか」「どう直せばよいのか」はわかりやすい感じでしょうか？

それがわからないんです。とにかく怒られてるって感じで。
いつもなんで自分ばっかりって，理不尽な気持ちになります。

うんうん，理不尽だなって思いますよね。お話をうかがっていて，上司の方が「なぜ」「何を」注意しているのか，もう少し具体的に言ってくだされば，少しお気持ちも変わるのではないかと思ったのですが，いかがでしょうか？

はい，そう思います。もっと具体的に，どうしろっていうのを教えてほしいです。

漠然と注意するのではなくて，「何をどうしたらいいか」を言ってくれれば，少しは落ち着いて話を聞けるかもしれないですね。

はい，優しい課長もいるんで。その人から言われたことは，わかりやすかったです。

わざと意地悪してるんですかね。僕，中学のときにも部活で軽いいじめ？みたいなことあったんです。自分は聞いてないことをみんなは知っていて，空気読めてないみたいな雰囲気になるのがいやでした。

【検討ポイント③】

そうだったんですね…。そんなご経験があるとよけいに，「社会人になってもまたか…」などと，いやなお気持ちになられるかもしれないなと思いました。

そうです。注意するんだったらもっとわかりやすく，優しく言ってほしいんです。

本当にそうですね。もし言えそうならば，上司の方に「もう少し具体的に言ってもらえると助かる」と伝えてみるのもありかなと思いますが，どう思われますか？

えっ，言えないです。怒られまくってるんで。怖い…。

怖い，そうですよね。では，どなたか職場にそのような話ができそうな方はいらっしゃいますか？

何をですか？

あなたが「注意をするならばもっと具体的に言ってほしいと思っている」と，誰かから上司に伝えてもらうのはどうかなと思ったのです。

隣の課の上司は優しいので話しやすいです。名刺の受け取り方はこうするんだって，実際に見せて教えてくれてわかりやすかったです。ちゃんとできてたよって，次の日にほめてもらえました。

そんなふうに，見せてもらえるとわかりやすいですね。ほめてくださったのも，ちゃんと認めてくださったんだと，うれしく感じますね。

はい，うれしかったです。

今の上司の方にもそんなふうに接してほしいと，どうにかして伝えられたらいいのかなと思ったのですが…。

やっぱり上司に何か言ったほうがいいですか？

上司の方は，あなたが何に困っておられるのか，もしかしてわかっていないのかもしれません。直接伝えてもいいし，難しければその優しい上司などから，やんわり伝えてもらうのもありかもしれません。

あー，なるほど。それならできるかもしれません。

お話の途中で申し訳ないのですが，今日はそろそろ相談時間が終了となりそうです。この相談室は毎週日・水・土曜日に開室しています。よろしければ「伝え方」などについて，またこちらで一緒に考えませんか？

はい，お願いします。

こちらこそ，よろしくお願いします。
今日はお腹の痛みがあるなかでたくさんお話ししていただいたと思いますが，今は調子はいかがですか？

あ，お腹痛いの忘れてました笑！

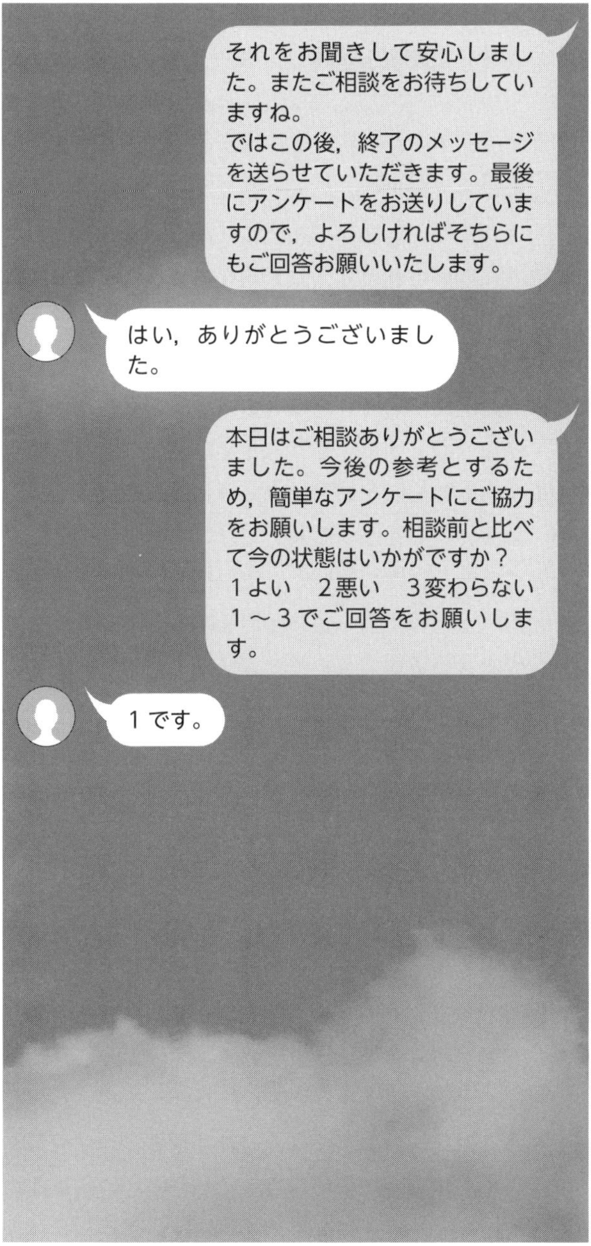

それをお聞きして安心しました。またご相談をお待ちしていますね。
ではこの後，終了のメッセージを送らせていただきます。最後にアンケートをお送りしていますので，よろしければそちらにもご回答お願いいたします。

はい，ありがとうございました。

本日はご相談ありがとうございました。今後の参考とするため，簡単なアンケートにご協力をお願いします。相談前と比べて今の状態はいかがですか？
１よい　２悪い　３変わらない
１～３でご回答をお願いします。

１です。

3．事例の検討

(1) 概要

本事例は，社会人になったばかりの男性からの相談である。職場で注意されることが続き，仕事に行きたくないと感じて相談に訪れた。やり取りのなかで，相談員の言葉が相談者に誤解されたり，抽象的な表現が何を指しているのかが伝わらなかったりする場面が見られたが，相談員はそれを踏まえて，「相談者が上司の叱責の意図や内容を汲み取れていない可能性」を想定したやり取りを行うように方針を調整していっている。それでも齟齬がすっかりなくなるというわけではないが，丁寧にやり取りを続けていって，相談員から具体的な解決法を提案し，最後のアンケートでは相談前と比べて気分が「よい」と回答された。解決の方向性が少し見えてきたことは相談者に安心感や余裕をもたらしたと思われ，初回の相談としては十分なものであったと言えるだろう。相談者の返信は遅めで，全体に時間を要したため話の途上で終了時間となったが，継続来談の誘いにも応じていて，また相談に来てくれる可能性も高いと思われる。

相談者は「上司がすぐ怒る」「自分だけ怒られる回数が多い」と述べている。しかし，これらの言葉からは，実際に何が起こっているのかは判断しにくい。相談者だけが特別な理由なく目をつけられて，感情的に当たられている（ハラスメント案件）場合，相談者に落ち度があるために上司が職務上，注意を繰り返さざるを得ない場合，上司は普通に話しているつもりだが相談者が主観的に被害感を強めている場合，あるいはそれらが複合している可能性も考えられるだろう。相談員は相談の序盤に，〈その上司の方が特に厳しい感じなのでしょうか？〉と事実関係を確かめる質問をしているが，相談者は「よくわからない」と答え，「隣の課の上司は優しいのでうらやましい」と主観的な視点に戻ってしまった。このような場合，続けざまに客観的状況を確かめようとするのではなく，相談者の主観的な気持ちを中心に話を進めながら，少しずつ事実関係を確かめるようにしていくのがよいだろう。

心理相談において，現実に生じている問題の解決策を相談者と共に考えていくことは，とても重要なことである。しかし，職場の人間関係の相談においては，「誰か一人が悪い」という単純な構図であることはあまりなく，職場環境や適性，本人および周囲の人の性格傾向などが，複雑に絡み合って生じていることが多い。相談が継続する場合には，今，相談者の目の前に生じている問題にも目を向けつつ，その背景にある本人あるいは周囲の人の性格傾向や器質的要因，家族関係やキャリア上の課題など，さまざまな展開可能性を視野に入れながら対応していくことが重要である。

⑵　検討ポイント

【検討ポイント①】

〈自分だけ注意されているという感じがするのですね〉

「いや，本当にそうなんです！」

相談の序盤，相談者は職場で「自分だけ怒られる回数が多い」と理不尽さを訴えている。それに対して相談員が，〈自分だけ注意されているという感じがするのですね〉と中立的な表現で返したところ，相談者が強い表現で訂正をしたという場面である。相談員からすれば思わぬ反応であったと思われるが，相談者からすれば，必死に大変さを訴えているときに「〇〇という感じ」と言われたために，「感じ」ではなく「事実」なのだと訂正したくなったのであろう。もしかすると，「他人事のような言い方だ」とか，「わかってもらっていない」と感じるところもあったかもしれない。

一方，ここでの相談員の返し方は，一般的には適切な範疇のものということができるだろう。「～という感じがするのですね」という返し方は，「（事実はどうであるかわからないが）少なくとも相談者が感じていることはしっかり受け取りましたよ」という，相談員のメッセージを伝えてくれる。「あなただけが注意されているのですね」と断定的に返すよりも表現がやわらかく，相手の言葉を鵜呑みにせずに，あくまで中立的な立場から話を聞く姿勢は，信頼関係の形成に寄与することも多い。また，相談のプロセスのなかで「上司は上司で大変な思いをしているのかもしれない」「実は上司と自分は似ているところがあるのかもしれない」などと，はじめに持っていた被害感とは異なる気持ちや視点が相談者のなかに生まれてきたとしても，相談員が中立的な姿勢を保っていれば，同じトーンで対話を続けることができる。相談員が相談者の話に大げさに反応したり，過度に感情的に応じたりしないことは，相談員としての基礎的な態度と言えるだろう。

また，「○○という**感じ**がするのですね」「あなたは○○と**感じ**ているのですね」などの表現は，相談者の内省を促す応答スキルの一つでもある。あえて相談者の体験や気持ちに焦点を当てることによって，相談者は外的な出来事から距離を取り，“内的体験”としてとらえ直すことができる。本来，心理相談とは，外的な出来事を現実的に解決するというよりも，外的な出来事をきっかけに自身について内的にとらえ直すことをメインの作業としている。そのため，相談者に内省する力が十分にある場合には，内的体験に焦点を当てるように応答することが有効に働くことが多い。

しかし，実際の相談では，必ずしも内省ができる状態にない人も多く来談する。混乱のなかにあって内省どころではない人，パーソナリティや器質的要因から内省的視点を持つことが難しい人などの場合は，自身の体験から距離を取ることが難しく，直接的なつながりを求めるところが大きくなる。この相談者も同様で，自らの大変さを相談員にも同じ目線で受け取ってもらうことを求めているようである。

相談プロセスのなかですれ違いが生じるポイントは，相談者の状態を理解するためのチャンスであるとも言える。本事例の場合でも，被害的な体験を重ねていて相談者の自尊心が著しく損なわれている可能性，視野が狭くなっていて自分の感情にしか目が向いていない状態にある可能性，比喩や文脈を踏まえたコミュニケーションを苦手としている可能性などが考えられ，それらを念頭に置きながらやり取りを続けていくことになるだろう。

実際この事例では，「本当にそうなんです！」と語気を強める相談者に対し，相談員はあえて自分の意図の説明をせず，〈だからこそ，おつらいんですよね〉と支持的な言葉をかけることによって，相談者の気持ちを受け取っていることを改めて伝えようと試みた。ここではこれが伝わったのか，相談者は話の続きを始めており，高まった緊張は収まったかのように見える。相談者が細かい点に固執するタイプではなかったことに，助けられたこともあるかもしれない。誤解をさせてしまったことを詫びたり，相談員の意図をわかりやすく言い換えて伝えることなどが有効な場合もあるが，言い訳がましく受け取られたり，相談者の受け取り方を批判しているように見えたりするリスクもあるため，まずはこのようにソフトに相談員の意図を伝えるやり方をするのもよい方法であろう。

【検討ポイント②】

〈うーん，どうでしょう…。上司の方は，あなたが困っておられること，わかっていらっしゃらないのでしょうか？〉

「えっ，そんなことないと思います！
新人って知ってますし。怒られたらみんな困ると思います」

【検討ポイント①】の直後，相談者は「（上司は）僕が新人だからいじめてくるんですかね？」と問いを投げかけてきた。相談員がそれに直接答えずに，相談者と上司との関係について，事実を確認するような質問を返したところ，再度コミュニケーション上のすれ違いが生じたという場面である。

【検討ポイント①】の箇所に比べ，今回のすれ違いは相談者の側の要因が大きいと言えるだろう。相談員の質問は，〈相談者が困っていることを上司はわかっているか〉というものであるが，相談者は「上司は自分が新人だと知っているのだから，当然，怒られて困ることくらいはわかるだろう」と答えていて，理解にズレが生じている。また，相談者の言葉からは，「怒られるのはみんないや」「新人を怒るべきではない」という，未熟で自己中心性の強いとらえ方が背景にあることが読み取れる。それと同時に，「怒られたらみんな困ると思います」という言葉などからは，自分の感じ方や感情に対してストレートなところが感じられ，相談者の素朴な感性が伝わってくる。

上司に対してねじれた感情を強めているというよりも，怒られる状況に純粋に困っていて，なんとかしたいと必死な相談者の様子が想像されるようである。

全体として，相談者の文章は常に丁寧語で大きく崩れるところはない。しかし，「なんで！って思いました」「優しくしてほしい」など，まだ社会人経験が浅いとはいうものの，20代にしては幼いところが垣間見える。相談員の言葉を誤解してとらえることが続いていることから，相談員としては，何らかの発達障害傾向を持つ方である可能性も想定に入れておいてもよいだろう。ただし早計は禁物だ。昨今は発達障害という概念が社会的に広く知られるようになったため，少しでもコミュニケーションがうまくいかないと，発達障害につなげて考えるような風潮も見られる。先にも述べたように，相談者は怒りや不満などの感情で余裕がなくなっていて，コミュニケーションに齟齬（そご）が出てきただけという可能性も考えられるため，このやり取りのみで相談者の状態を確定的に考えすぎないように注意しなければならない。いずれにせよ，相談員の意図が伝わっていない，誤解されていると考えられる場面が連続する場合は，相談員からの伝え方の方針を改める必要が生じてくる。

特に，日本語は文脈依存的な表現が多いため，敬語の使い方には注意が必要だ。たとえば「部長がそう言われたのですか？」という文だけを見ると，“部長がそう言ったのか？”の敬語表現なのか，“部長が誰かからそう言われたのか？”という受け身表現なのか，まったく見分けがつかない。相談者はスマホ画面で対話を見ていることが多いため，それまでのやり取りが同じ画面に表示されていないことも多いだろう。相談者が文脈を踏まえて言葉を解釈するのが苦手かもしれないと感じたら，思い切って敬語をやめて「それは部長が言ったことですか？」などと，明示的な表現にするほうが伝わりやすいこともある。この事例の相談員も，後半のやり取りでは表現をなるべくシンプルにして，「　」なども援用しながら，相手に誤解を与えたり余計な不安を感じさせたりしないように配慮している。ただし，カウンセリングが相互コミュニケーションである以上，どれだけ気をつけても，相談者との齟齬をまったくゼロにすることは難しい。もちろん，相談員のほうが相談者の意図を汲み取れなかったり，誤解していたりすることもあるだろう。齟齬が生じたとき，適切に誤解を解き，相手の気持ちに添いながら相談者との関係を丁寧に作り直していく力が，相談員には求められる。

【検討ポイント③】

「わざと意地悪してるんですかね。僕，中学のときにも部活で軽いいじめ？みたいなことあったんです。自分は聞いてないことをみんなは知っていて，空気読めてないみたいな雰囲気になるのがいやでした」

ここは，これまで自分の大変さ，理不尽さを訴えることが中心だった相談者のトーンが変化した場面である。相談員は何度かのすれ違いを踏まえて，具体的に相談者が何に困っているのかを理解しようと言葉を重ねてきた。そのなかで，相談者の意識は，外的な事象から自分の内的体験へとシフトしたようである。中学のときの「軽いいじめ」のような体験を想起し，理不尽なことが起きやすい自分自身について考え始めている。ここでの語りからは相談者の体験が想像され，相談員としても自然に共感しやすいのではないだろうか。相談者の視点が内省の方向に変化したことを敏感にキャッチしながら，丁寧に対応を続ける必要がある場面と言える。

多くの相談事例を見ていると，時折，せっかく相談者が自分自身に目を向けても，相談員のほうから現実的なことを尋ねたり前の話に立ち戻ったりして，せっかくの流れを消してしまうような例も見られる。特に，「相談者はコミュニケーションが苦手だ」「発達障害傾向がある」などの見立てをしている場合には，相談員の側が「発達障害の人は内省が難しい」などという，型にはまった理解から対話を進めようとする場合もあるようだ。相談員が相談者の力を低く見積もっていると，相談者の変化のきっかけを悪気なくつぶしてしまうことにもなりかねないので注意したい。来談時には怒りや不満でいっぱいになっている相談者であっても，他者に話をすることで心のバランスが変わり，はじめは他罰的であった視点が自分ほうへ向けられることはよくある。ネガティヴな話を深めることに不安を感じる相談員もいるかもしれないが，一見良くない出来事が，相談者の内的な変化や成長につながっていくこともあることを踏まえ，相談者の内省のプロセスに付き添っていきたい。

事例に話を戻すと，相談者の視点が変化した背景には，相談員から〈漠然と注意するのではなくて，「何をどうしたらいいか」を言って〉ほしいのではないかという問いかけにより，困り感が言語化されたことが大きかったように思われる。「しんどい」「困った」ということは自覚できても，「それはなぜか」「何に困っているのか」「あなたはどうしたいのか」と問われると，言葉に詰まってしまう相談者は多い。特に本事例の相談者は，自身の状況や気持ちを言語化することがそれほど得意ではないと思われる。仕事に関連して腹痛も生じている様子で，言語的に思考するよりも，ストレスを身体で表現しやすいタイプである可能性も考えられる。このような場合には，相談員がある程度，「相談者が困っているであろうこと」「相談者が言いたいであろうこと」を，言葉にして投げかけてみることも有効なことがある。ただし，相談員がストーリーを誘導してしまう可能性があるため，「…と私は思いましたが，いかがでしょうか」などと，相談者の言いたいことと異なる場合に否定しやすいような形で投げかける工夫が必要であろう。

(3)　対話で生じるすれ違い

対話形式の相談であれば，それが対面であってもSNSを通じたものであっても，相手の話を自分が“正しく”理解しているとは限らない。実際，ロールプレイなどで相談者役と相談員役がセッション後に話し合いをすると，相談中には互いに気がついていなかった勘違いが明らかになったりする。誤解やすれ違いを含みながらも対話は問題なく続いていく場合もあって興味深いが，齟齬が明らかになったときにはお互いにネガティヴな感情が生じやすくなるのも事実である。相談員の側からすれば，相談者に自分の意図を正しく伝えなければと焦ったりして，応答文を考えるのに時間がかかってしまうこともあるだろう。

4．おわりに

SNS相談が社会実装されて間もない頃，多くの相談事例を分析する機会があった。約1,300事例を公認心理師／臨床心理士資格を持った研究プロジェクトメンバーで一つ一つ読み，臨床心理学的視点から５段階で評価をしていった。その結果，相談員に何らかの不適切な対応が見られる「低評価」のケースが，多く含まれていることが明らかとなった。その頃はまだ手探りで相談対応がなされていた時期であったために，残念ながら専門性の低い対応が行われたこともあったのだと思われる。

「高評価事例」に共通する特徴を抽出しようと試みたところ，「高評価」のカウンセラーは事例に応じた対応をしているため，明らかな共通項を見出すことが難しかった。ただ興味深いことに，「高評価事例」からは共通した特徴が取り出しにくかったのに対し，「低評価事例」からは，明らかに共通した特徴が複数抽出されて，それらはカウンセラーの専門性を逆照射してくれた。ここでは一点のみを挙げるが，専門的な相談対応のベースにあるのは「見立て」の能力である。文字で書くとあまりにも当然のことではあるのだが，これは案外難しいことだ。

SNS相談はPC画面に向かって文字を通して対話をするためか，相談員のほうも俯瞰的視点を持ちにくくなる。また，相談者の事前情報がほとんどないうえに，あまり質問を重ねていると話が進まないため，情報が少ないままに話を進めていくことも多い。結果的に，言葉遣いの特徴，トーンや送信のタイミングのわずかな変化などを繊細に感じ取りながら見立てを行っていくことになるが，それには，ある程度の臨床経験や知識，訓練も必要となってくるだろう。前述の低評価事例では，専門的知識や見立てがないままに，そのつど相手の言葉に応答しているために，一貫した対応ができていなかったのである。

本章の事例では，相談員はある程度の見立てをもって対応を行っている。そのため，複数回のすれ違いがあってもそのつど，自身の表現の仕方を調整し，関係を立て直していくことができた。それでもなお，後半にも「何をですか？」と相談者には伝わらない場面が見られるのだが，相談員はシンプルで具体的な言葉で根気強くメッセージを送っている。このような調整は，相談者の言語能力，パーソナリティの成熟度などについての見立てがあってこそ可能になるだろう。短い時間で適切な判断をするためには，基礎的な臨床能力を確実に身につける訓練が必要とされている。

子育てや家族関係に関する悩み

[樋口隆弘]

1．はじめに

本章で提示するのは，出産後の子育てや家族関係に悩む女性からのSNS相談事例である。新型コロナウイルス感染症パンデミック（以下，コロナと表記する）の影響もあり，家族からの協力や福祉サービスを受けにくい状況のなか，孤立感を抱きながら，SNSカウンセリングにたどりついた。

2．相談のログ

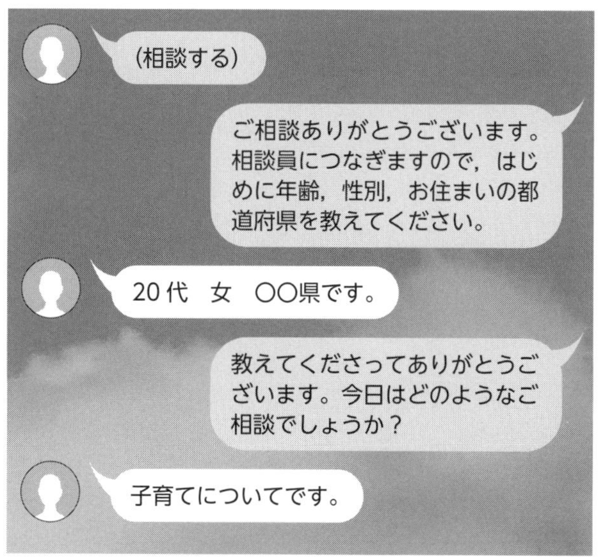

子育てについてですね。もう少し詳しく教えてもらってもよろしいですか？

息子がご飯を食べないんです。

息子さんがご飯を食べないんですね。栄養の面でも心配になりますよね…。

食べないことにイライラしてしまって，子どもにひどくあたってしまったりして，親失格だと思います。

私が子どもを持ってよかったのかなって。私のところに生まれてきて，この子は本当によかったのかなって思います。

自分を責めてしまう気持ちもあると思いますが，食べてくれなくてイライラすることは自然なことだと思います。

【検討ポイント①】この応答にはどのような効果があるだろうか？　この後の検討ポイントについても，皆さん自身で考えてみてほしい。

ありがとうございます。本当にイライラしてしまって。

夫は仕事で遅くて話せないし，帰ってこられてもイライラしそうだし。

遅くまでお仕事されてるんですね。帰ってこられてもイライラしそうであれば，帰ってきてほしいようなほしくないような，複雑な気持ちになりますね。

そうなんです。休みの日はいいんですけど，平日は本当に私一人で。

平日が特に大変そうですね。子育てを手伝ってくれる方はいらっしゃらない状況でしょうか？

実家に帰ろうとしたんですけど，コロナがあって，帰りにくい状況になってしまって…。

そうだったんですね。帰ろうとされたのに，帰りにくくなったのは，あなたの意志ではないでしょうし，本当につらいですね…。

コロナって，こんなに自分が影響を受けると思いませんでした。

役所でやってる子どもを遊ばせられる集まりみたいなのも中止になって，人と話すこともなくなりましたし。行ってるときはわからなかったんですけど，いざなくなると，ああいう集まりがあってよかったんだなって。

うんうん，家族だけじゃなく，そのような集まりも行けなくなって，人と話すことがなくなってしまったんですね。

周りとのつながりを断たれてしまったみたいで

つながりが…，とても孤独な感じが伝わってきます。

それで息子に対しても常にイライラしてしまうような感じで。

あなたの現状を考えると，イライラしてしまいそうです。　←【検討ポイント②】

そうですかね。やっぱり私一人でみてるから，余計なんだと思います。

でも，夫の仕事の帰りが遅いなんてよくある話なのに。

旦那様の帰りが遅いということはよくある話だとしても，あなた自身がつらい思いをしているなら，どうすればいいかを一緒に考えていきたいです。

ありがとうございます。久しぶりに優しい言葉をかけられた気がします。

うまくいかないこともあるかもしれませんが，それはあなたが日頃から子育てを頑張っておられるからこそだと思います。

そうだといいんですけど。

私はそのように思いましたよ。　【検討ポイント③】

ありがとうございます。

旦那様の帰りが遅いと，お子様のことや子育てのこと，あなた自身の話をしにくいのかもしれないなと思いました。

そうなんです。夫も疲れているし，申し訳ない気がして。

申し訳ない気がするんですね。

それもありますし，反応が悪いと，話さなければよかったって思うほうがしんどくて，最初から話さないのかもしれません。

うんうん，たしかに勇気を出して話したのに反応が悪いと，よけいに傷ついてしまう感じがします。

そうですね。私の言い方も良くないのかもしれませんが…。

言い方が良くないのかもしれないというのは？

最初からイライラしてるというか，夫に気を遣ってられないというか（笑）

うんうん，気を遣ってられない（笑）

休みの日とか，環境が違ったりすると，食べてくれたりするんです。なので，夫は息子が食べないということをあまり知らないかもしれないし，私がここまで悩んでいることを知らないと思います。

そうなんですね。知っていて何もしてくれないのではなく，知らないということなんですね。　【検討ポイント④】

はい，もう少し余裕があるときに話してみようかなって今思いました。

うんうん，休みの日に，お互いに少し余裕があるときだと，旦那様にも伝わるかもしれないですね。

はい。まったく協力してくれないというわけではないので，悩んでいることがわかると，早く帰ってきてくれたりするかもしれません。それも期待外れになるかもしれませんし，帰ってこられてもイライラするかもしれませんが（笑）

いい意味で期待しすぎず，早く帰ってきてくれる日があって，少しでも子育ての負担が軽減すればいいですね。

【検討ポイント⑤】

そうですね。いい意味で期待しすぎないように，話せるときに話してみます。

子どもが泣いてるので終わりますね　ありがとうございました

こちらこそお話しいただいてありがとうございました。ご無理なさらず，いつでもまたこちらにお話ししに来てください。

はい

それでは本日はこれで終わらせていただきます。

〈終了メッセージ〉

3．事例の検討

(1) 概要

子育てや家族関係で悩む母親からの相談である。子どもがご飯を食べてくれないという悩みの背景には，夫の協力を得にくいこと，さらには新型コロナウイルス感染症による自粛も重なり，家族の協力や福祉サービスを受けにくい状況から孤立感を抱いていることがわかった。相談開始直後は，子育てがうまくいかないことに対して相談者が自分自身を責める気持ちが強かったが，相談員が共感的な応答を続けることにより，夫との関係や福祉サービスに話題が転換していき，自分を責める気持ちから少しずつ距離を取ることができている。しかし，子どもに対するイライラをノーマライズ（自然であることと保証）しようとする相談員に対して，子どもにイライラする自分はよくないという相談者の価値観は残ったままであり，子どもに対するイライラをめぐっては，相談員と相談者の歩調が合わない場面も散見される。ただし，この相談者は，相談員が自分の価値観や考えを少しばかり強く伝えても同調しすぎることなく，かといって相談から離脱してしまうわけでもない，コミュニケーションでずれが生じても，それにある程度耐えることのできる力があり，それに相談員は助けられている部分もあるだろう。

相談中盤以降，夫に関する話題に転換した後は，相談者の応答速度も上がり，「(笑)」という言葉を用いていることからも，相談者が自責の念や孤立感から心的距離を取ることができていることが推察される。夫と話しやすくするために，夫を悪者にせず，協力してくれる人（相談者のリソース）として返した相談員の応答は効果的であった。ただし，子育てで悩んでいることは事実であったとしても，子育てを「負担」と決めつけてしまったことは相談員のミスであると言える。その応答によって，相談者が相談員に対して気を遣った離脱（相談員の応答によって話す気がなくなったのではなく，子どもが泣いているから相談を終わるという意味での相談員への気遣い）をした可能性は考えられる。

⑵　検討ポイント

【検討ポイント①】

〈自分を責めてしまう気持ちもあると思いますが，食べてくれなくてイライラすることは自然なことだと思います〉

この応答は，相談者の思いを受けとめながら，同時にノーマライズもできていると言える。ここでは，伝える順番も考えて応答する必要がある。〈自然なことだと思います〉というノーマライズの言葉を後にすることによって，相談者が自分を責めてしまうモードから少しでも離れられる可能性がある。仮に，「食べてくれなくてイライラすることは自然なことだと思いますが，自分を責めてしまいますよね」と前後を入れ替えて応答したとすると，相談者が自分を責めてしまうことに焦点が当たっていき，たとえば，「生きる価値がない」など，相談員の応答によって，自責の念を強めてしまうかもしれない。そのような思いが出てくる（強くなる）こと自体が良いか悪いかではなく，相談員は自身の応答の内容だけではなく，その順序によっても，相談者の応答やモードが変わっていくことを常に意識しながら応答することが大切である。

また，「息子さんにひどくあたってしまって，親失格，自分のところに生まれてきてよかったのかなと自分を責めてしまうんですね」のように返したとすると，共感的な応答はできていると言える。さらに，「自分を責めている」という言葉を加えることで，単純な反射ではなくなっており，より相談者の気持ちに想いを馳せた応答になっている。しかし，「親失格」や「自分のところに生まれてきてよかったのかな」という言葉は，相談者が自ら発したものであるとしても，相談員から返されると衝撃が大きい言葉であり，相談者が傷ついてしまう可能性がある。そのため，たとえ相談者が発した言葉であっても，それを見る（読む）相談者がどのように感じるかを想像して応答することが求められる。

【検討ポイント②】

〈あなたの現状を考えると，イライラしてしまいそうです〉

【検討ポイント①】の応答と同じように，ここでの応答もイライラすることをノーマライズしているかのように見えるが，少しニュアンスが異なるのは，「イライラすることは自然なことだと思います」ではなく，〈イライラしてしまいそうです〉という相談員の主観が入っていることが相談者に伝わる点である。ただし，その後の相談者の応答で，「そうですかね」とあるように，相談員の応答に対して相談者は充分に納得できていない。その背景には，イライラする自分がよくないという相談者の価値観があり，それに対して，相談員の主観が入ったノーマライズをされたことにより，相談者は自身の価値観をある意味否定されているからである。相談員は，たとえ励ましのつもりで共感やノーマライズをしていても，それが相談者にとっては「わかってもらえていない」「聴いてもらえていない」という感覚を生じさせる可能性があることに注意する必要がある。

たとえば，「生きている価値がないんです」という相談者の応答に対して，「私（相談員）はそんなふうに思いませんよ」「あなたには生きる価値がありますよ」という相談員の言葉が励ましになる場合もあるかもしれないが，それだけでは相談者の価値観を否定するだけになるかもしれない。ゆえに，「○○のような状態であれば，生きている価値がないと思ってしまうかもしれませんが，私は○○のような状態のなかで，何とかしようと踏ん張っているあなたを，生きている価値がないとは思いませんよ」のように，生きている価値がないと思ってしまうことにも共感を示しつつ，相談員の主観としてはそのように思わないことを伝える。相談者の価値観を否定することなく，相談員の真摯な思いを伝えることが，真の励ましにつながることもある。

【検討ポイント③】
〈私はそのように思いましたよ〉

読者のなかには，事例全体と【検討ポイント①，②】までを読み，この相談員は自身の価値観を相談者に伝えすぎているのではないかと感じる方もいるかもしれない。相談者が，「そうだといいんですけど」と，少し納得できていないような応答を直前に返しているにもかかわらず，〈私はそのように思いましたよ〉と伝えていることから，相談員の価値観を押しつける応答であるかもしれない。たしかに，この事例における相談員は，励ましのつもりで相談者に伝えていることであったとしても，自身の価値観を伝えすぎる（良かれと思って押しつける）傾向があり，それは今後の課題であるとも言えるだろう。相談者と相談員の良好な関係性がある程度形成できている場合，もしくは相談者の相談員への依存傾向が強い場合，〈私はそのように思いましたよ〉という応答は効果的となりうる場合もあるが，関係性や依存度の程度によっては，「あなたにそう言われても（…何の意味もない）」と相談者に思わせかねない。

後の項目で詳しく述べるが，相談者から，「…けど」「でも…」といった応答が返ってきた場合は，相談員は引く勇気を持つことも大切である。引くというのは，相談員が進めようとしていた方向性に進むことを一度やめて，相談者の歩調に合わせ直すということである。一度，相談員が何かを伝えて，または方向性を決めて引いてしまうことは，自分の伝えたことや考えた方向性が間違っていたと認めることになり，そのことを恐れる相談員もいるかもしれない。しかし，相談者が納得していないのにそのまま相談員の考えを押しつけようとするほうが相談者は傷ついてしまう，というマイナスの結果を生む可能性があることを念頭に置いておかねばならない。

【検討ポイント④】

〈知っていて何もしてくれないのではなく，知らないということなんですね〉

この応答からは，相談者の夫を相談者の敵にしてしまうのではなく，相談者の味方になるような応答を相談員が心がけていることがわかる。夫婦間や恋人間，親子間といった悩みに共通して言えることでもあるが，相談員は，相談者に共感するため，もしくは相談者と関係性を構築するためであるとしても，相談者と現実的な二者関係にある相手（配偶者やパートナーなど）を，相談者に同調して責めすぎてしまわないように気をつける必要がある。というのも，相談者にとって，日常生活におけるリソースをできるだけ多く，うまく使えることが，相談者を支援することにつながるからである。

かといって，相談者が敵であると感じているのに，無理に味方（リソース）であるように伝える必要はない。その時々の応答だけを考えていると，バランス感覚を持つことが難しくなるが，相談が終わるとき（それは一度の相談ではないかもしれない）に，相談者にとっての敵という認識から味方（リソース）という認識に変化していればよいため，見通しを持ちながら，その時々の応答を考えることが大切である。

また，「旦那様に『気を遣ってられない』ということもあって，うまく伝わっていないんですね」と返した場合を考えてみよう。相談者の言葉を引用しながら応答している点はよいが，相談者が夫に気を遣っていないことを責めるようなニュアンスが出てしまっている。もしも，このように応答するならば，「食べてくれないことや一人での子育てが大変だからこそ，旦那様に気を遣えないのだと思いますが，うまく伝わっていないのかもしれないですね」と返したほうが望ましい。SNSカウンセリングでは，相談員の表情や態度を伝えることができないからこそ，それらを補う言語化を常に心がけることが求められる。

【検討ポイント⑤】

〈いい意味で期待しすぎず，早く帰ってきてくれる日があって，少しでも子育ての負担が軽減すればいいですね〉

「(1) 概要」でも述べたが，子育てを「負担」と決めつけていることが相談員のミスであると言える。たしかに，子育てで悩んでいること，それによりつらくなっていることは事実であるが，それを「負担」と相談員が決めつけ，名付けてしまうことが望ましくないのである。一般的にも，相談者の話から想像しても，「大変」「負担」なことである（子育て，受験勉強，試験，就職活動，長期的な通院など，一般的に「大変」「負担」と思ってしまうことは多く存在する）としても，相談者がそのように思っているかどうかはわからない。また，「大変」「負担」というのは，マイナスの側面しか見ていないことがわかる。子育て，受験勉強など，たとえその瞬間は「大変」「負担」なことであるとしても，相談者自身がプラスの側面を感じられる瞬間もあるかもしれない。この相談者も，子育てにプラスの側面を感じられている瞬間があるとしたら，相談員の「負担」という決めつけはやはりミスであると言える。かわりに，相談者の直前の応答，「(中略) 帰ってこられてもイライラするかもしれませんが (笑)」でも，この相談のキーワードと言える「イライラ」という言葉が出てきていることから，「(中略) 少しでもイライラが軽減するといいですね」のように伝えたほうが，相談全体を踏まえた応答にもなり望ましい。

相談を通して相談者に良い変化が起こると，相談員は安心する。それは自然なことであるが，その安心から気が抜けてしまい，私生活でのやり取りと同じような応答（一言）を返してしまうことがある。当然のことであるが，相談員は相談が終わるまでは気を抜かず，最後の一言まで熟考し，最善の応答を選択し続けることが求められる。

(3) 相談員が引けない問題

【検討ポイント③】でも少し述べたが，相談員が相談者に何かを伝えて，相談者から，「…けど」「でも…」といった応答が返ってきた場合は，相談員は引く勇気を持つことも大切である。この相談事例においては，「そうですかね」「そうだといいんですけど」という二つが出てくる。「…けど」「でも…」といった応答は，相談員の応答に対して，相談者が十分に納得できていないサインであると言える。相談員がそれに気づかずに相談を進めてしまうと，相談者と相談員の間で，相談を進める方向性にずれが生じてしまうだけでなく，相談者を傷つけてしまう可能性が生じる。ずれや傷つきは，相談者の離脱にもつながり，今後の相談にも影響を与えるかもしれない。ゆえに，相談者の十分に納得できていないサインを見逃さずに，“いったん”引くことが大切である。

ここで，“いったん”と述べたのは，相談者から十分に納得できていないサインが出たからといって，相談員の助言や方向性が必ずしも間違っているとは限らないからである。それは，タイミングの問題であるかもしれないし，伝え方の問題であるかもしれない。つまり，相談者の思いや置かれている環境などを十分に聴く前に，助言や方向性を伝えてしまっているのかもしれないし，相談者が気がかりな点を十分に拾いきれていないかもしれないということである。ゆえに，いったん引いた後に，さらにじっくりと相談者の話を聴いたうえで，助言の内容や進める方向性を修正する必要が出てくるかもしれないし，助言や方向性が大きく変わらないとしても，タイミングや伝え方は再度考え直さなければならない。

ここで述べた「ずれ」や「傷つき」というのは，相談員が何かを伝えて，相談者がそれに対して自分の気持ちや考えをはっきりと伝えられないという要素も影響している。そのため，十分に納得できていないサインが出た場合も，そのサインが出ていない場合も，相談員が相談者に伝えたことに対して，相談者がどのように感じたかを尋ねることも大切である。そうすることで，相談者は相談員の応答に十分に納得できていないことを伝えやすくなり，「ずれ」や「傷つき」が生じる可能性が下がり，その程度自体も小さくなるのである。

相談員の助言や進めようとする方向性が必ずしも正しいとは限らないし，相談員として，正確無比な助言をしなければいけない，的確な方向性を見通せなければならないと，自分自身を縛る必要もない。相談員が相談者を引っ張るのではなく，相談者と相談員がともに考えて，結果として相談者が納得できる方向性に進むことができれば，それで十分ではないだろうか。

コラム④——臨床心理学を学ぶ大学院生から見たSNSカウンセリング

［長谷雄太］

私がSNSカウンセリングに関わり始めたのは，大学院に入って2年目の中頃でした。その頃から私は，大学院生として臨床心理学を学びつつ，大学の相談室などで対面の面接も行っていました。

初めは，対面面接との仕様の違いに戸惑いました。SNSカウンセリングでは相談者の顔は見えませんし，声も聞こえません。相談者がどのような反応をしているかは，返ってきた文面でしかわからないというのも，対面での面接が当たり前だった自分にとっては難しさの一つでした。また，伝えたいことが文字で送られてくることも，対面のときとはまた違った感覚を抱かせます。

私はSNSカウンセリングに臨む前，対面でのやり取りのほうがリアルで生々しいだろうというイメージを持っていました。しかし実際，たとえば「死にたい」「つらい」というメッセージが来ると，遠くで何が起こるかわからないという意味で対面とはまた違う“怖さ”があります。情報が少なく想像で補おうとするぶん，私自身の生々しい感覚や感情が喚起されたのかもしれません。そうした怖さから，できるだけ情報を“聞き取ろう”としてしまうことも多かったように思います。

さらに，相談員から何かを伝えるときにも，対面以上に工夫が必要となります。相談員の表情や声色は相手に届きませんし，当然相談者も文字情報から意を汲み取ることになり，相談員は対面以上に誤解を生まない言葉選びや，読みやすい文章などを推敲する必要があります。しかし，文字でのやり取りは意外と時間がかかり，対面だと10分で話せる内容が，SNSだと30分近くかかることも多いように感じます。早く返せばいいというものではないですが，あまり待たせすぎてしまうのも考えものです。初学者で基本的な応答もままならない私は，とても慌ただしい気持ちで画面に向かっていました。同時に，自分が普段面接場面で，いかに相談者の表情や声色，その場の雰囲気などの非言語的な要素に頼っていたかを痛感させられました。

ただ，その後経験を重ねていくうちに，少し感覚が変わってきたように思います。たとえば，SNSカウンセリングでは確かに文字情報がほとんどですが，語調・絵文字やスタンプの有無・文量や，やり取りの“間”など，その相談者独自の表現に目が向くようになっていきました。そうなると，それぞれの相談者に対するイメージが形成され，自分が対面で面接をするときの感覚と，そう変わらない感覚で臨めることも増えてきました。むしろSNSカウンセリングでの経験から，やり取りにおける基本的な観点や応答のエッセンスを学び，対面面接も少しやりやすくなったようにも感じられます。

また，SNSカウンセリングで相談者は，家や職場からSNS上の“相談室”にアクセスしてきます。途中，返事が来ないと思っていたら，「ごはんを食べていました」ということもあります。相談内容も，「ちょっと暇だから」のように，気軽な様子で始まることも多いです。このように，日常と地続きで敷居が低いこともSNSカウンセリングの大きな特徴だと思います。

大学院で学ぶ対面面接では，場の非日常性を重視することもあり，こうした気軽さは当初，私にとって戸惑いを生む要因でした。ただ，一方でSNSカウンセリングに見られる日常性に寄り添うことは，心理的な支援において“きっかけ”から関わることができるという一つの強みであり，面白さだと感じています。やはり，相談者の「相談してもいいかな」と思える基準が，SNSカウンセリングだと圧倒的に低いようにも感じます。もちろん，この点はカウンセリングという実践において良いことばかりとは言い切れないかもしれませんが，より相談者の日常に根差した心の支援とは何かということについて，SNSカウンセリングは考えさせてくれているようにも思います。

パンデミック時のSNSカウンセリング事例

[鈴木優佳]

1. はじめに

新型コロナウイルス感染症（COVID-19）の世界的流行は，我々の生活に大きな影響を及ぼすことになった。心理的ストレスに長期的にさらされる非常事態への心理支援として，SNSカウンセリングの窓口を開設する自治体や機関が増加している。

以下の相談ログでは，新型コロナウイルス感染症に関する相談事業に寄せられた事例を取り上げて，その過程で起こりうることや相談員の役割について検討していきたい。

2. 相談のログ

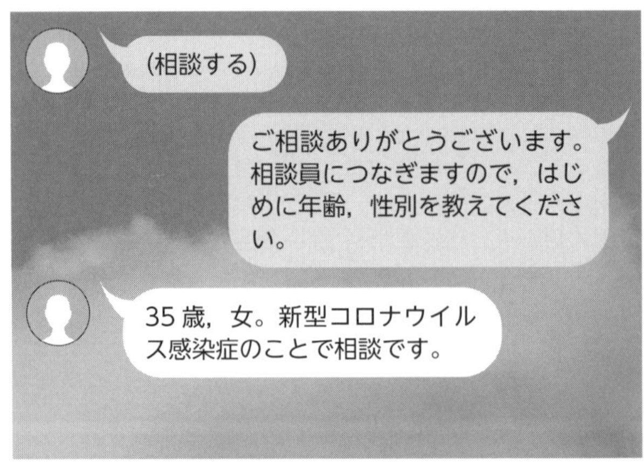

こんにちは，相談員です。ご相談いただき，ありがとうございます。一緒に考えさせていただきたいので，どのようなことかもう少し詳しく教えていただけますか？

毎日感染者数のニュースを見るたびに，不安な気持ちでいっぱいになり，最近寝つきが悪くなっているように思います。

だるさも続いていて，私も感染してしまったのではないかと心配です。

教えてくださり，ありがとうございました。このような状況が続きますと，気持ちが落ち着きませんよね。

はい。感染対策をしていても，これで大丈夫かという不安は尽きません。外出時にはアルコールを見つけるたびに手指消毒をしていますし，家の中にいても数分おきにスマホの画面を消毒してしまいます。

だるさが続いているということですが，医療機関は受診されましたか？

発熱はありません。

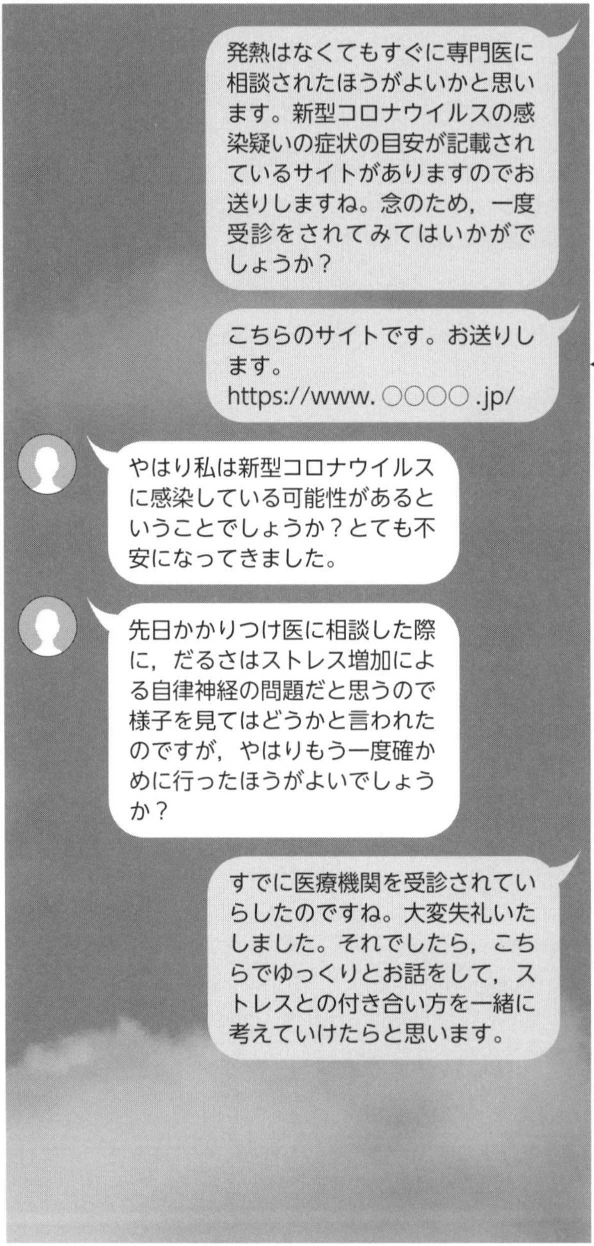

【検討ポイント①】
この対応はどのように受け止められていただろうか？読者の皆様も考えてみてほしい。

目に見えないウイルスですから，対策をしても不安は尽きないですよね。ストレスが増加するのも無理のないことと思います。

よろしくお願いします。

毎日，自分が住んでいる地域の感染者数のニュースを確認しています。感染者数が増えているのを見ると，動悸がしてきます。

この状況はいつまで続くんでしょうか？自分が感染したときに子どもの世話は，どうなるんでしょうか？今日もスーパーに買い物に行きましたが，消毒をして感染対策をしていれば大丈夫ですよね？

この状況が続くと，不安が次々に出てきますよね。

相談員さんも不安にならないですか？

【検討ポイント②】

そうですね。やはり普段と違う生活が長く続いていますから，私も不安を感じることはあります。

不安なときってどんなふうにしていますか？

ニュースやネットで不安をあおられることもあるのであまり見すぎないようにしたり，あとは友人とおしゃべりをしたり，美味しいものを食べたり。そんなふうにして，少しでも普通の生活を送ろうとしているのかもしれません。

なるほど。言われてみれば，私も友人に会ったり，子どもと公園で遊んだり，美味しいものを食べたり，普通の生活をしているときには少し気持ちがほっこりする瞬間があります。そういうのって心には大事なんですね。

でも考えだしてしまうと，この状況がいつまで続くのか，旦那の仕事は大丈夫か，貯金もほとんどなく今後の生活も心配で，子どもたちもいるので，不安は尽きません。

いろいろなことが重なると思うと，先行きが不安になっていきますよね。そんななかでも今，どんなことが一番ストレスになっているでしょうか？

【検討ポイント③】

この新型コロナウイルス感染症の感染拡大をきっかけに旦那が在宅勤務の日が増えたのですが，家にいたらいたで，かえってストレスが溜まっています。

これまでも，家事や子どもの世話は基本的に私に任せきり。在宅勤務で家にいても，あまり手伝ってくれないので，そういう人なのかとうんざりしてきました。

旦那さんとの関係も大きなストレスになっていたんですね。

そうなんです。むしろ新型コロナウイルス感染症のことよりも旦那のことがストレスなのかもしれないです。

なるほど，実はそちらのほうが。具体的にはどんなふうですか？

結婚する前から若干その気はあったと思うのですが，私がやってあげないと何もできない人です。

夕方から夜にかけては，食事の準備，子どもの食事，後片付け，子どもの入浴，寝かしつけと慌ただしい時間帯なのですが，ゆっくり TV を見て過ごしている旦那を見るとイライラしてきます。

何も手伝ってくれないという状況なのですね。

はい。私が手伝ってほしいと思っていることに気づいてくれません。

「これをお願いね」と頼んだら，いつもどんな反応なのでしょう？

相談員さんに言われるまで気づかなかったですが，私が「これをお願い」と頼んだことは旦那もやってくれているかも…。「言われる前に察して動いてよ」っていう不満が私の中で募って，イライラしているという感じなのかもしれません。

なるほど。察してほしい相談者さんと，そうではない旦那さん。どういう関係であれば，楽でいられるでしょうかね？

うーん，私ももっと旦那に素直にお願いしていったらいいのかも。きっと嫌がられるだろうと思って，なかなか言えず，自分の中でぐるぐると考えているだけのような感じだと今気づきました。

それで，「察して動いてよ」っていう気持ちになっていたのかもしれない，と。

はい。気づかない旦那も旦那ですけど（笑）でも私自身も，自分がどうしていけば楽なのかを考えていきたいと思えました。

そうですよね。今回の新型コロナウイルス感染症の流行は不安で苦しいものではありますが，改めてお家のこと，お二人の関係のことを考えるきっかけになったところもあるのかもしれませんね。こちらでも引き続きお話お聞かせください。

はい，また旦那のことも相談させてください。

今日は少し気持ちが前向きになれました。話を聞いてもらう時間が，今の私には大事だったんだなと思います。ありがとうございました。

毎日不安ななか，お家のこともお子さんのこともしながら，旦那さんにも気を遣いつつ，頑張っておられるのだろうなと想像して聞かせていただいていました。ずっと緊張の糸が張っていると疲れてしまいますので，またお話しにいらしてくださいね。

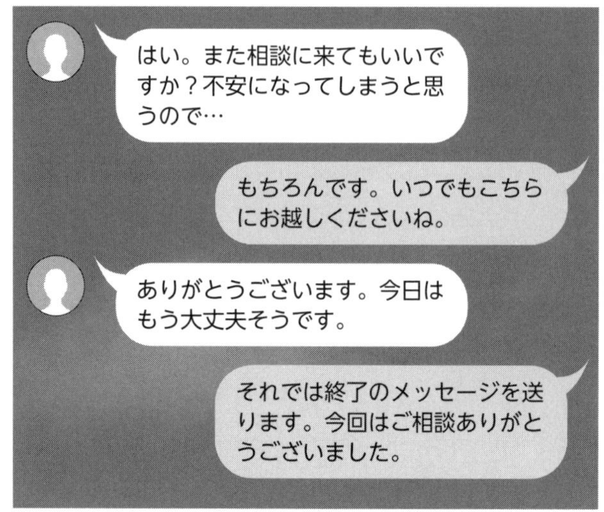

3．事例の検討

(1)　概要

新型コロナウイルス感染症をはじめとする大規模な災害やパンデミックの発生は，社会全体に影響を与え，人々の心を大きく揺さぶるものである。皆が同一の出来事を経験しているものの，その受けとめ方や揺れ方は個人によって異なる。そのため，当該の災害やパンデミックに対応するための相談窓口を設けた場合にも，そこには幅広い種類の相談が寄せられることになる。

今回取り上げた事例は，新型コロナウイルス感染症に関する不安を主訴として相談に訪れたが，相談員とのやり取りを通して，もともと抱えていた問題に向き合うことになっていった事例である。新型コロナウイルス感染症専用の相談窓口と銘打っていても，家族間葛藤や人間関係の問題の相談，あるいはそのような個人的な課題が背景にあると思われる相談が寄せられることはよくある。このようなことは，自殺や震災後の危機介入時などの心理支援時でも同様で，最初は自殺や震災の話から個別面接につながっていくが，その後もともと抱えていた人間関係やパーソナリティの問題が語られて，継続的な相談になることが高い頻度で見られることが知られている。

このような展開が生じる背景には，どのようなことが考えられるだろうか。我々は，普段から心のどこかに，漠然とした不安や悩みを抱いているものである。普段は誰かに相談するまでもないと思っているようなものであっても，災害やパンデミックが発生すると，我々の心は大きく揺さぶられることになる。それをきっかけに不安や症状が具体的となって，我々を相談という場につないでくれるのだろう。そこで目の前にある不安や症状について話をしていく過程で，それらが落ち着いてくるに伴い，心のどこかに抱えていた個人的な問題に向き合う準備が整ってきたり，普段から抱えていた問題が大きくなったりするのだと考えられる。

上述したように，このようなことは，現在までに開設されている新型コロナウイルス感染症関連のSNSカウンセリング事業の窓口でも，多々見られるものである。そのため，相談員が新型コロナウイルス感染症の話題だけに着目して話を聞いたり，感染の可能性がなければ問題ないと判断して相談を終了してしまったりすると，せっかく相談者が相談の場につながったにもかかわらず，もともと抱えていた問題に触れられずに去っていくことになってしまう。もちろん，不必要に話を広げたり聞き出したりすればよいというものではないが，相談員としては，上述したような心の動きへの理解を持ちながら，主訴とは異なる悩みや不安が出てきた場合にも対応していくような，広い視野が求められる。以降では，具体的な相談ログを見ながら，いくつかのポイントについて考えていきたい。

(2)　検討ポイント

【検討ポイント①】

〈念のため，一度受診をされてみてはいかがでしょうか？〉

〈こちらのサイトです。お送りします〉

この場面は，相談者の「だるさが続いている」という訴えに着目した相談員が，新型コロナウイルスの感染疑いの症状の目安が記載されているサイト情報を提供したところである。新型コロナウイルス感染症関連の相談窓口には，「熱が出ているのでどこに相談したらいいか」「受診する目安はどのくらいか」「地域の医療機関を教えてほしい」といったように，具体的な情報を求めて訪れる方は実際に多くおられる。もちろん，そうしたニーズには適切な情報を提供することが相談員の役割となるので，紹介するための情報や知識を事前に準備しておくことが望ましい。

それでは，この事例におけるこの対応は，この相談者にとって，どのような体験をもたらしただろうか。この後の展開を見ると，相談者はすでに医療機関にかかっていたことがわかる。その際に感染を否定されていた状況があったため，相談員の発言を受けて，相談者はかえって不安を高める状態になってしまった。相談員の対応が，相談者の不安を助長させるという逆効果の働きをしてしまった場面と言わざるを得ない。

今回の事例においては，相談が始まって間もない場面で，この相談者のニーズがどのようなものかを判断することは難しかったと言える。そのため，判断がつかないこの段階では，相談員が先走ることなく，まずは相談者の話を十分に聞いて，相談者のニーズがどこにあるのか，さらに言えば直接的なニーズだけではなく，相談者自身にもまだ意識されていない潜在的なニーズにも注意を向けながら，幅広い視野をもって話を聞いていく姿勢が求められたと言える。相談者はきっと情報が欲しいのだろうと決めつけてしまったり，相談員側の不安から先走った応答をしてしまったりすることは避けなければならない。

この場面では，相談員側がやや先走った対応をしていることで，二人の間にはずれが生じてしまったと考えられる。相談員は，頭の中にさまざまな可能性や選択肢を想定しながら相談者の話を聞き，そこから相談者のニーズに適切なものを丁寧に選択していくプロセスになるのが望ましいだろう。

【検討ポイント②】
「相談員さんも不安にならないですか？」

ここでは，相談者が新型コロナウイルス感染症にまつわる不安を吐露しながら，相談員にもこのような不安があるかをたずねている場面である。カウンセリングの場面では相談員が安易に自己開示をしすぎることは望ましくないが，この場面においては，相談員の共感的な自己開示が意味を持っていたと考えられる。

ここで適切だったポイントは，相談員が自分自身の個人的な話題を広げすぎることなく，同じ不安を感じていることに絞って自己開示をしていた点であろう。たとえばこの場面で，「私も高齢の家族と同居しているので感染がとても不安で，いつもフェイスシールドをして外に出ています」や「実は私の知人が感染したことがあるので不安でたまりません」などのように，個人的な事情を伝える形で自己開示をしてしまうことは，相談者の話題をさえぎってしまったり，不要な不安をあおってしまったりすることにつながり，望ましいものではない。

そうではなく，この相談員のように，この未知のウイルスの感染状況のなかでは誰でも不安になるものだということ，そして，そうしたストレス状況下ではなるべく普段どおりの生活をして，日常的な小さな楽しみを大事にすることが一般的な対処法であるといった，普遍的・一般的な情報を，「私」を持ち出して一人称の形式で伝えるといった方法を取ったことが適切だったと考えられる。これは，高度なテクニックであるが，心理教育的な視点を伝える方法の一つとして，知っておくことは意味があるだろう。

社会的規模のパンデミックや災害に見舞われた際には，相談者が感じている不安を相談員も共に感じる立場にあるからこそ，どの程度の自己開示を，どのような形で行うかを迷われる場面が多いだろう。そうしたときに，個人的な事情を伝えるような自己開示は避けるべきであり，上記のポイントを押さえているかどうかを，今一度確認すべきであると考えられる。

【検討ポイント③】

〈いろいろなことが重なると思うと，先行きが不安になっていきますよね。そんなななかでも今，どんなことが一番ストレスになっているでしょうか？〉

この場面は，相談者の話題が，新型コロナウイルス感染症への心理的不安から，もともと抱えていた夫との関係について移っていったところである。新型コロナウイルス感染症という社会的規模の不安を話すなかで，今後の生活という漠然とした不安へ，そして現実的な自分の生活上の不安へと，意識せずとも不安が分化されていくプロセスが見て取れる。

社会的規模の不安は扱いづらく，あまりに大きな不安は漠然としてつかみづらいものである。そのようななか，夫との関係という問題は一つの取っ掛かりとなり，そこから話題が展開していきやすいと言える。ここで，相談員側が夫との関係の話題を無下にせず，むしろ〈具体的にはどんなふうですか？〉と踏み込んだり，〈どういう関係であれば，楽でいられるでしょうかね？〉と，相談者自身の在り方に目を向けさせる応答をしたところがポイントだったと考えられる。この場面では，こうしたプロセスを相談員側がうまくキャッチしながら，話を聞いていくことができたと言えるだろう。

この相談者が感じる夫への苛立ちは，おそらく日常的に抱えていたものであっただろうが，相談の場に訪れるほどではなかったものかもしれない。それがいざ相談の場に足を踏み入れると，するすると糸がほどけるように話され，問題と向き合っていくことができている。そして，そのプロセスのなかで，相談者は新たな気づきを得ていく。それは，何もしてくれないと思っていた夫が実は頼んだことはやってくれていること，逆に自分自身の側に察してほしい気持ちが強く，他者に物事を頼みづらいという在り方があったことである。このように，自分の性格傾向にも目を向け，夫との関係を見直すような展開に開かれていった場面と考えることができる。これは，1回のカウンセリングとしても，十分展開していった事例であると言えるだろう。

4．危機的状況とSNSカウンセリング

新型コロナウイルス感染症の流行下では，どこからでも簡単に匿名で相談ができるSNSカウンセリングの需要は増加し，よりいっそう導入が進められている状況になった。このような例を踏まえると，今後も社会全体を揺るがすような災害やパンデミックが発生した際の心理支援の手段として，SNSカウンセリングが参入していく可能性が高いことが予想される。こうした非常事態時のSNSカウンセリングには，どのような意義があり，どのような役割が求められるかを最後に検討してみたい。

社会的規模の危機的状況時には，その出来事の受けとめ方や影響の受けやすさに個人差があるため，SNSカウンセリングの役割もそれに応じて複数存在すると考えられる。たとえば，情報を求めて訪れる相談者に対しては，正確な情報提供を行ったり適切な機関へとつないだりする機能を果たす必要があるだろう。あるいは，不安が高まった相談者には，ゆっくりと話を聞く場を提供することが求められる。そのプロセスのなかで，相談員とのつながり自体に安心感を覚えエネルギーが賦活されていったり，本章で取り上げたようにもともと抱えていた問題に向き合うことも出てきたりするだろう。

また，社会的規模の災害やパンデミックの発生時は，社会全体としてネガティブな感情に引っ張られていきやすいものである。そのようなときにも，相談員としては一面的な見方に陥らずに，常に多面的な視点を持ちながら話を聞いていくこともまた，大切な役割であるだろう。この事例においても，〈今回の新型コロナウイルス感染症の流行は不安で苦しいものではありますが，改めてお家のこと，お二人の関係のことを考えるきっかけになったところもあるのかもしれませんね〉という相談員の言葉は，そうした視点を反映していると考えられる。このように，求められる役割の幅が広いことが，災害時やパンデミック時のSNSカウンセリングの特徴と言えるだろう。

そして，いずれの役割においても，その根本には，相手の話にじっくりと耳を傾けるという相談員の基本的な姿勢がある。社会全体が揺さぶられてい

るときだからこそ，相談者の言葉を十分に聞き，その気持ちに寄り添っていくこと，そして相手のニーズをつかんだり正確な見立てを立てたりしながら，相談者の可能性が開かれていくのを待つことが，危機的状況におけるSNSカウンセリングでも一番に求められることではないかと筆者は考える。

第Ⅲ部

応答技法エクササイズ

第9章 エクササイズ――基本編

はじめに

［宮田智基］

SNSカウンセリングにおけるトレーニングの重要性は，ますます高まってきている。SNSカウンセリングが急速な広がりを見せるなか，職場の要請を受けて，SNSカウンセリングに馴染みのなかったカウンセラーも，SNSカウンセリングを実践することが増えてきている。対面カウンセリングの経験豊富なカウンセラーも，はじめてのSNSカウンセリングには不安と戸惑いを感じるものである。

「第Ⅱ部　事例検討」では，さまざまなSNSカウンセリング事例を示したが，それを通常のカウンセリング逐語記録のように読まれた読者も多いのではないだろうか。しかし，これらの事例は，相談者からのメッセージが届くごとに，介入の方向性を模索しながら，1分以内の応答を目指して積み重ねられた対話である。相談員は，相談者からのメッセージを読み，姿の見えない相談者のアセスメントをしながら，介入の方向性を探っていく。相談者とのやり取りの間に，「この応答は，相談者にどのように思われるだろうか？」「あれ？ 返事が来ないな…さっきの応答がまずかったのかな‥」「このように応答すれば，どう返ってくるだろうか‥」など，姿の見えない相談者に思いをめぐらせながら対話を重ねていく。

SNSカウンセリングのトレーニングは，相談員のこうした心の動きを追体験できるものであることが望ましい。本章と続く第10章では，事例素材をもとにした応答技法のエクササイズを行う。これから提示する各場面で，自分ならどのような応答をするのかを，まずは自由に書いてみてほしい。自分で考え，最適と思われる応答を文字にしてみることが何よりも大切である。そして，その応答は相談者にどのように受け取られるのか，どのような返答が相談者から送られてきそうかを予測してほしい。

自分の応答について十分検討した後，同場面での応答例として挙げられた四つの選択肢について検討してほしい。どの応答がより妥当であろうか。自分の応答との共通点と相違点はどのようなものであろうか。自分が返す応答によって，当然，相談者からの返答は異なってくる。この積み重ねによって，SNSカウンセリングのプロセスが構成される。この相談者とのこの局面においては，どのような応答がより効果的であるのかを考えてみてほしい。こうした検討の積み重ねが，SNSカウンセリングのトレーニングの核心と言えるのではないだろうか。

1．家に帰りたくない女子中学生

［樋口隆弘］

選択問題１

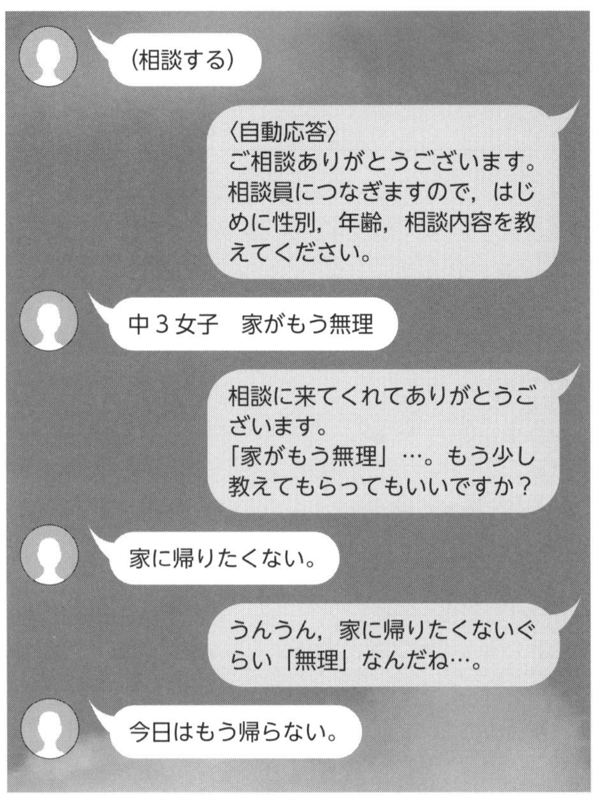

【あなたの応答を自由に書いてみましょう】

■以下の選択肢のなかから，妥当な応答を選んでください。

A．夜は危ないから，帰らないといけないですよ。

B．今はそんな気持ちなんだね。今はどこにいるのかな？

C．帰らないでどうするの？

D．お母さんやお父さんが心配するんじゃないかな。

■解説

A：夜は犯罪に巻き込まれる危険性が高くなることから，相談員は相談者のことを心配して，応答しているかもしれない。しかし，「家に帰りたくない」「もう帰らない」と言っている相談者に，相談員が「帰らないといけないですよ」と言った場合，相談者は相談を続けたいと思うだろうか。相談者は，帰らないといけないことはわかってはいるが，それでも帰りたくないのである。その思いを聴いていきながら，最終的には，相談者に家に帰ってもらうことを目指すことが望ましい。（×）

B：相談者の「家に帰りたくない」「今日はもう帰らない」という気持ちを受けとめている。それと同時に，相談者の安全を確認する必要があるため，現在の居所についても尋ねている。安全確認のために相談員から質問しなければならない場合，相談員からの質問ばかりになると，相談者は自分の話を聴いてもらえていない感覚になり，離脱が生じる可能性がある。そのため，相談者に共感しながら質問を組み合わ

せることが有効である。(○)

C：相談者からすると，責められているように感じてしまう言い方になっている。というのも，相談員に意図はないにしても，「帰らないでどうするの？」の後ろに，「帰らないといけないよ」という言葉が見え隠れしているからである。安全を確認するために質問したいのであれば，「友達の家に泊まったりするのかな？」のように具体的に聞くほうが，相談者は責められるような意図を感じない。(×)

D：相談員としては，相談者に家に帰る気持ちを高めてもらうために，親が心配しているということを伝えたのかもしれないが，この応答は危険である。相談者と親の関係性が良好であればこの応答は効果的になりうるが，現時点では，相談者と親の関係性が良好かどうかわからないためである。ゆえに，この応答によって，「相談員は親の味方である」というように相談者が感じると，相談する意欲は失せ，早々に相談を離脱してしまう可能性が高い。親や先生，友達が心配していることを伝えて相談者の行動変容を促すときは，相談者と彼ら・彼女らとの関係性を把握できてからが基本となる。(×)

選択問題 2

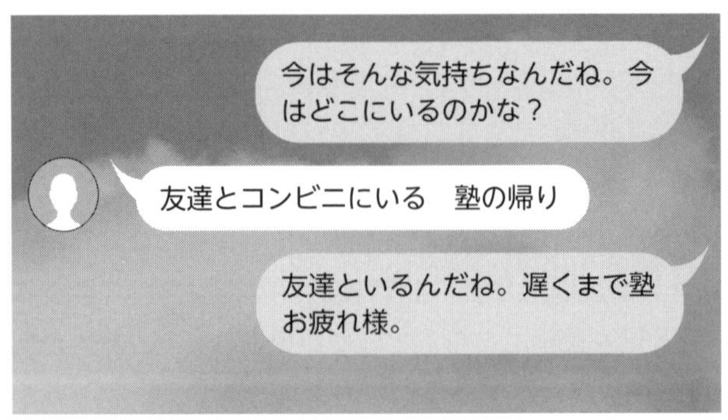

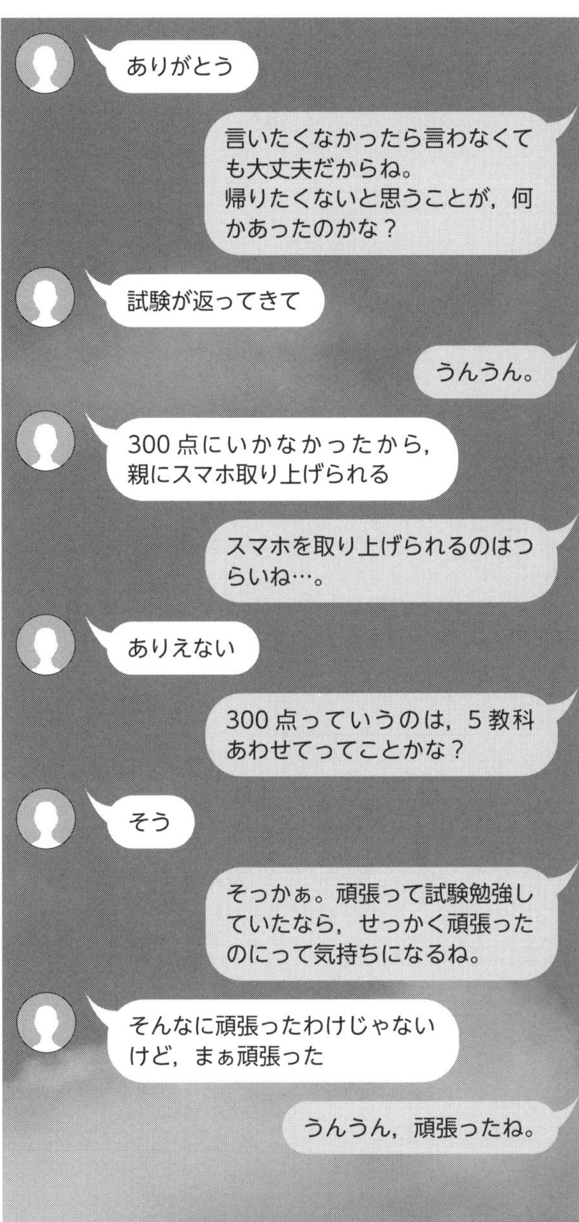
ありがとう
言いたくなかったら言わなくても大丈夫だからね。
帰りたくないと思うことが，何かあったのかな？
試験が返ってきて
うんうん。
300点にいかなかったから，親にスマホ取り上げられる
スマホを取り上げられるのはつらいね…。
ありえない
300点っていうのは，5教科あわせてってことかな？
そう
そっかぁ。頑張って試験勉強していたなら，せっかく頑張ったのにって気持ちになるね。
そんなに頑張ったわけじゃないけど，まぁ頑張った
うんうん，頑張ったね。

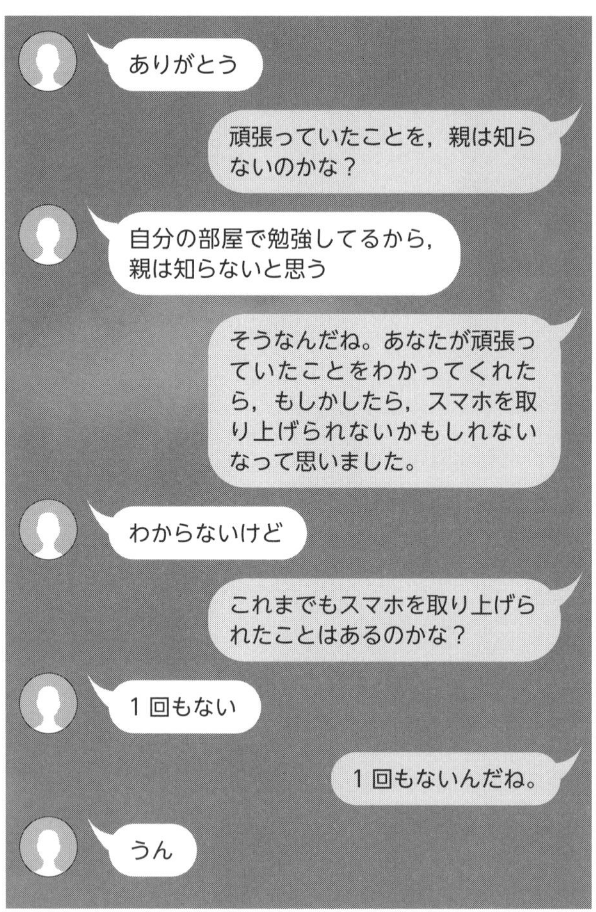

【あなたの応答を自由に書いてみましょう】

■以下の選択肢のなかから，妥当な応答を選んでください。

A．じゃあ，今回も大丈夫じゃないかな？

B．今回は，本当に取り上げられそうな感じ？

C．取り上げられることもだけど，それ以外にも嫌なことがあるのかな？

D．今回頑張ったことを認めてほしいね。

■解説

A：大丈夫かどうかは，相談者にもわからない。仮に，「大丈夫だと思う」のように相談者が答えたとしても，スマホを取り上げられないことだけで，相談者の悩みが解決したと考えるのは早計である。「大丈夫だと思う」のような応答があっても，スマホを取り上げられること以外にも何かあるかもしれないという意識は，持っておくことが大切である。（△）

B：選択肢Aと同様である。おそらく，相談者は「わからない」や「たぶん」のように応答するであろう。相談者本人の行動ではないことを尋ねる場合は，答えはわからないため，興味本位や話の流れだけで尋ねるのではなく，その後の応答を見据えたうえで質問する意識を持つことが大切である。（△）

C：スマホを取り上げられたことがないにもかかわらず，「家に帰りたくない」という思いを抱いている。スマホを取り上げられることも嫌であることには間違いなさそうであるが，そのような罰を下そうとする親，頑張っていることを知らない親に対して，さまざまな感情を抱いている可能性がある。そのため，スマホを取り上げられること以外にも嫌なことはないか，その背景に何かあるのではないかということを心配している，という相談員の思いが伝わることは効果的となりうる。（◎）

D：選択肢Cよりも相談員が相談者の先を行く応答になっている。「親に認めてほしい」という思いを相談者が抱いていれば，この応答は効果的となりうる。そのような思いをあまり抱いていなければ，相談者と相談員の間でズレが生じる。その場合，相談員は，「認めてほしいわけではないんだね」のように，すぐに修正する必要がある。共感的な応答をする場合に，相談者と相談員でズレが生じる可能性はある。そのこと自体がよくないのではなく，相談員が自分の考えに固執することが問題なのである。(○)

選択問題 3

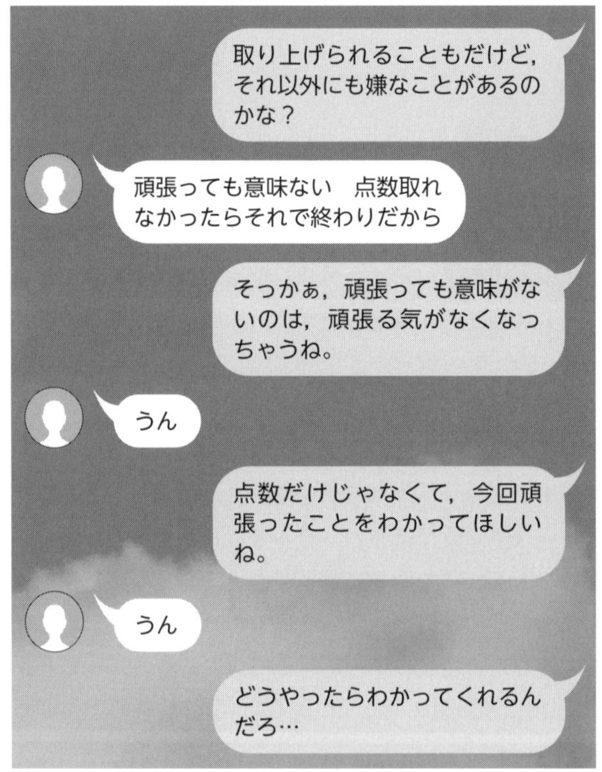

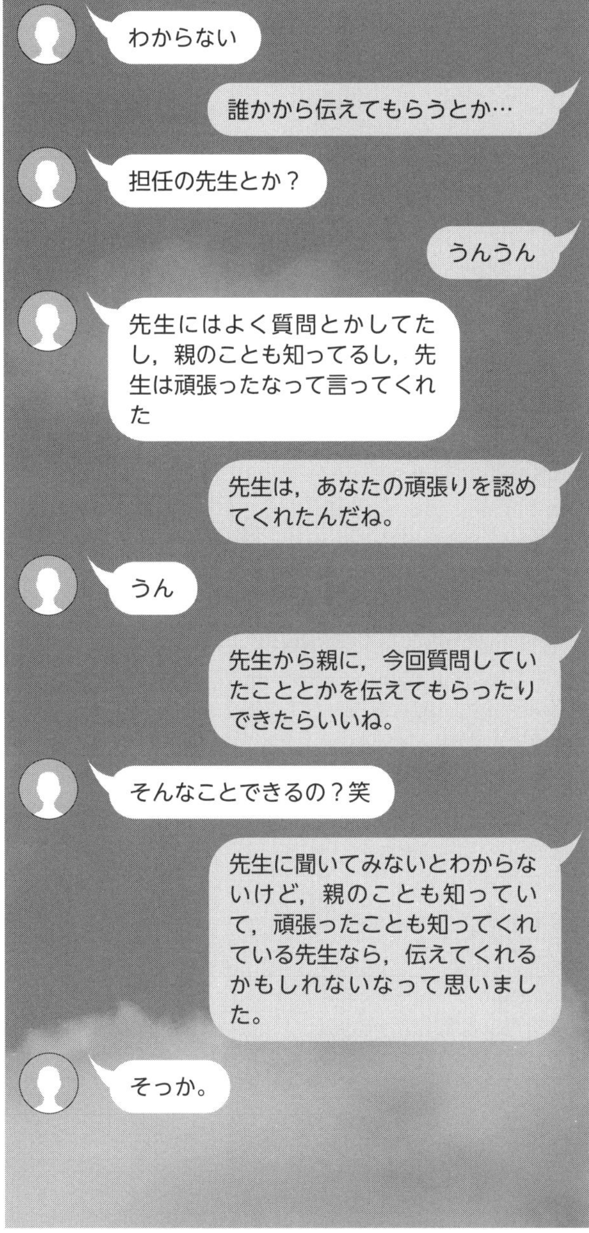
わからない
誰かから伝えてもらうとか…
担任の先生とか？
うんうん
先生にはよく質問とかしてたし，親のことも知ってるし，先生は頑張ったなって言ってくれた
先生は，あなたの頑張りを認めてくれたんだね。
うん
先生から親に，今回質問していたこととかを伝えてもらったりできたらいいね。
そんなことできるの？笑
先生に聞いてみないとわからないけど，親のことも知っていて，頑張ったことも知ってくれている先生なら，伝えてくれるかもしれないなって思いました。
そっか。

伝えてくれるかもしれないって言いながら，もしも先生が「そんなことできない」ってなったらごめんね。でも，よかったら一度先生に相談してみてもいいかなって思います。

やってみます！

うんうん，あなたのペースで大丈夫だからね。

うん

心配してることがあるんだけど，聞いてもいいかな？

はい

「今日はもう帰らない」って言ってたよね。今はどうかな？

帰りたくないです。

うんうん，その気持ちはまだ残っているんだね。

はい

相談員はあなたのことが心配なので，帰りたくない気持ちはわかるんだけど，今日は家に帰って，明日先生に話してみてほしいなって思います。

【あなたの応答を自由に書いてみましょう】

■以下の選択肢のなかから，妥当な応答を選んでください。

A．それは本当によかったです。

B．友達の家に泊まるのも難しいよね。

C．帰ったらしんどいこともあるかもしれないね。それなのに，少しでも帰ろうと思ってくれてありがとう。

D．帰ったらしんどいことがあるかもしれないね。明日以降も相談はしているので，よかったらまた来てください。

■解説

A：何に対しての「よかった」なのかが，わかりにくくなっている。相談員としては，行くところがないので，「帰ることになってよかった」という意味で応答しているのかもしれないが，行くところがないことに対しての「よかった」という応答にも受け取れる。また，相談員の安心した気持ちを「よかった」とだけ伝えるよりも，「あなたが，このまま外にいることはとても心配だったので安心しました」のように具体的に伝えたほうが，上記の誤解は生じにくい。（×）

B：ただ，「行くところないし」という流れに合わせての，何も考えられていない応答になっている。行くところがないことは相談者にとって不本意であるかもしれないが，それを逆撫でするかのような応答は，相談者を傷つけるだけである。また，ここでは，友達の家に泊まることができたら帰らなくてもいいのかというと，そうではないはずである。話の流れで思いついた応答をそのまま返すのではなく，意図を持つことを忘れてはならない。(×)

C：相談者は，「帰りたくない」という思いを抱いていたにもかかわらず，相談員の心配に応えてくれているため，感謝や労いの気持ちを伝えるのがよい。相談員が相談者に何かを勧めるときは，相談者がその行動を実際にしてみるとどうなるのかといったことに，思いを馳せることが大切である。そうすると，より共感的な応答を考えられるようになる。(○)

D：選択肢Cと同様であるが，相談の終わりを急かしているかのように感じさせてしまう。終了時間が近づいているときや，相談開始からの時間が長くなっているときは，このような応答でよいが，相談者のタイミングで終われるように，もう少し話を聴いてみてもよいかもしれない。(△)

相談の続き

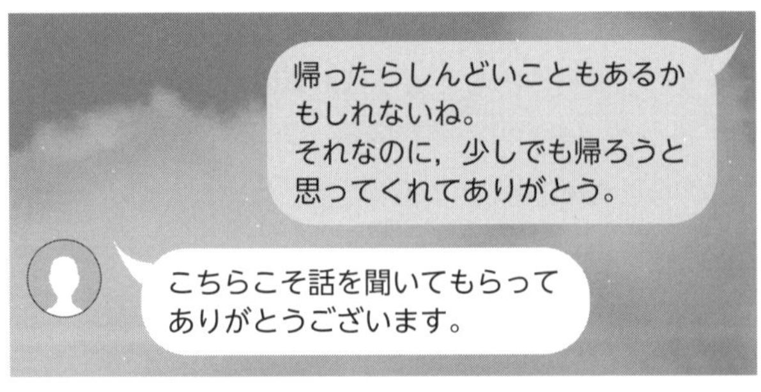

明日以降も相談を受け付けています。
今日しんどいことがあったり，先生に伝えたけどうまくいかないということがあったりしたら，またここに来てくれても大丈夫です。

ありがとうございます

今日これで終わりにしても大丈夫かな？

はい，ありがとうございました。

それでは，終了メッセージを送りますね。

2．同級生とのコミュニケーションに悩む女子中学生

［鈴木優佳］

選択問題１

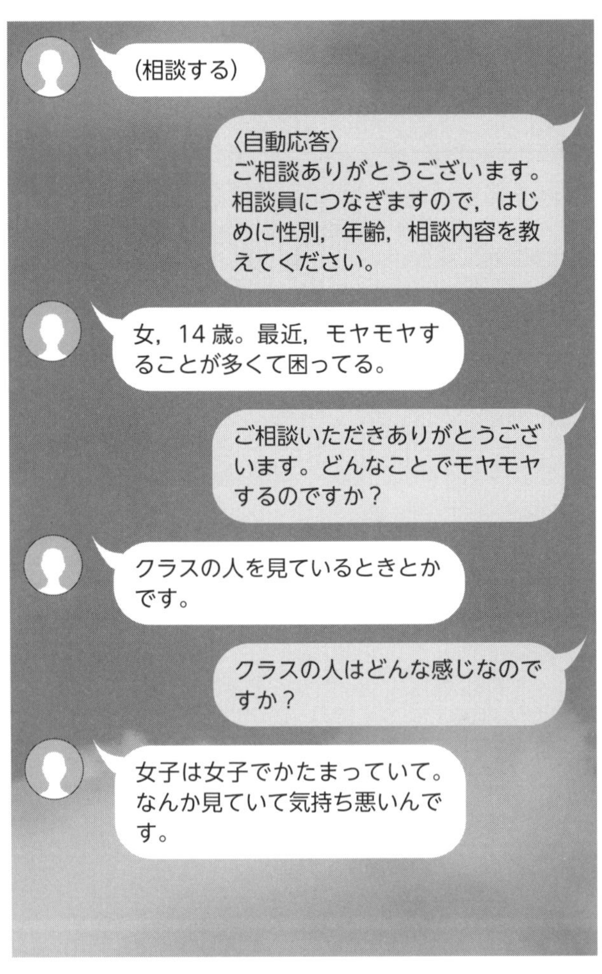

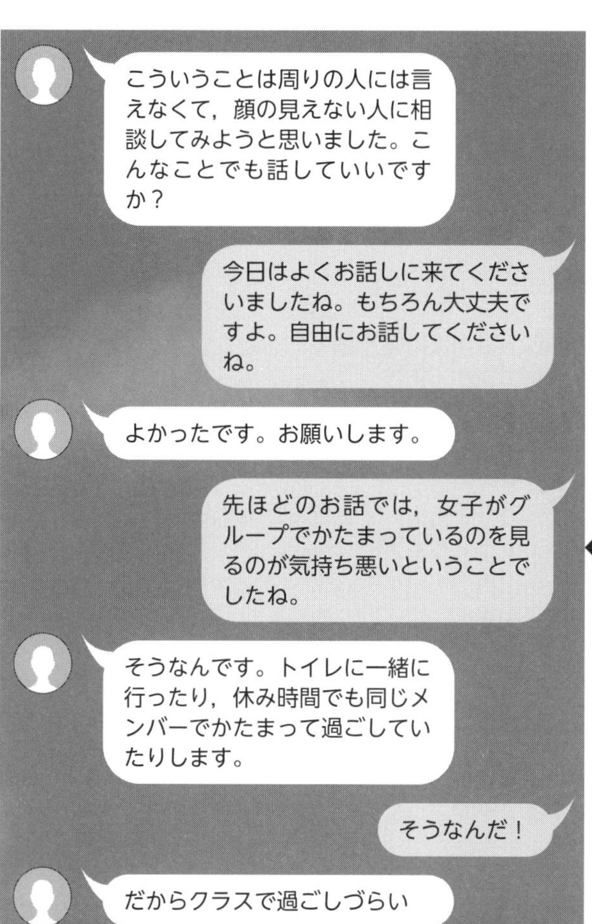

話を本題に戻すような発言を投げかけることもこの場面では有効である。

【あなたの応答を自由に書いてみましょう】

■以下の選択肢のなかから，妥当な応答を選んでください。

A．実はあなたもそのなかに入りたい気持ちがあるんじゃないかしら

B．思春期ってそういう時期だから仕方ないわ

C．うーん，なんでなのかなぁ…

D．女子のそういうところって面倒くさいよね。私もそういう経験があるからたくさん吐き出してね！

■解説

A：相談者の気持ちの背景にある思いを想像して，言葉にしている応答である。ただ，ここまでのやり取りを見ると，「実は自分も女子グループのなかに入りたい気持ち」を，相談者が意識する段階までにはなっていないことが予想できる。さらに，相談者の「こんなことでも話してもいいですか？」の発言からは，相談をすることに不安である様子が少なからずうかがえる。このような見立てをもとに，相談員の理解を伝えることは，相談者が受けとめられる状態になったときにすべきであり，ここではまだ急がないほうがよい場面であると考えられるだろう。（×）

B：思春期の時期には，確かに同世代と同じ体験を共有することが重要な意味を持つことは知られており，知識としては間違っていない応答である。しかし相談者は，そのような知識を知りたくて「なんで」と言っているわけではないだろう。相談者の本当に問うていることを見

極めて，応答をしたいところである。(×)

C：一見すると物足りない応答に感じられる。しかし，これまでの相談者とのやり取りの流れを見ると，相談員があまり多くの言葉を挟まずに，短いターンで会話をするほうが，この相談者の自由な発話を促すと考えられる。特に，ここでの相談者の発言は，相談員に何かを問うているのではなく，自問自答のなかで言葉を生み出している場面とも見られるので，相談員はそれを受け止めるのみの対応がよさそうである。(◯)

D：相談員が自己開示をしている応答である。相談員の自己開示は，相談者にとってポジティブな意味を持つ場合もあるが，熟考なしの自己開示は失敗に終わる可能性のほうが高い。特に，この場面では相談者が相談員の自己開示を求めているわけではない。加えて，相談者の体験を十分に聴く前から，「私もそういう経験がある」と相談員が決めつけてしまうことは，相談者の置かれた状態をきちんと理解しないことにもなりうる。それゆえ，ここでは，不要な自己開示はしないほうが賢明であろう。(×)

選択問題２

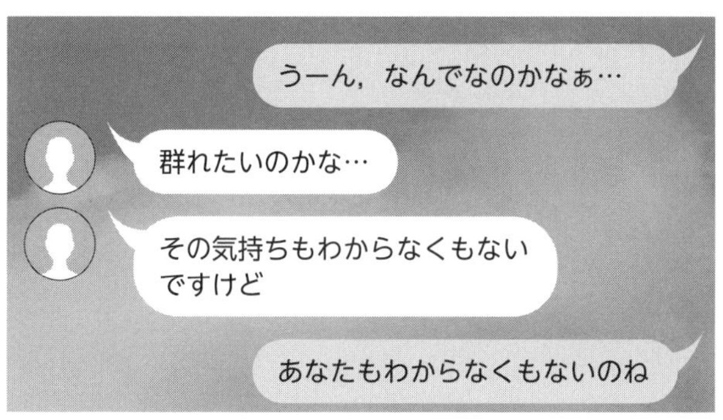

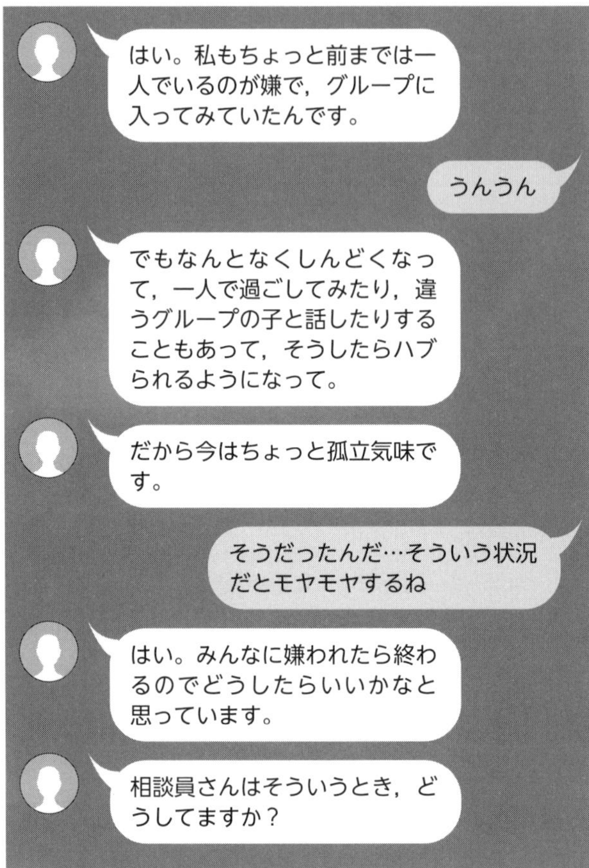

【あなたの応答を自由に書いてみましょう】

■以下の選択肢のなかから，妥当な応答を選んでください。

A．そういう場面では私も難しいと感じると思います。大人でも難しいことかもしれないね。あなたも自分らしく過ごしたいという気持ちと，嫌われたくないなという気持ちと，そこで戸惑ってしまうような感じかなと思うけれど，どうかな？

B．私のことが気になるのですね。でもここでは，あなたについて考えていきましょう。

C．うーん，どうしているかなぁ。

D．私は友達と一緒に過ごすのが大好きです。あなたも友達の輪に入ったら，もっと楽しいことが待っていると思いますよ。

■解説

A：ここは，相談者からの質問によって，相談員が自己開示を求められる場面であり，やや緊張が高まる場面であると言えるだろう。この選択肢Aでは，あくまで相談者がどのように受け取るかを想像しながら，誠実に対応をしている。大人でも難しい問題をあなたは考えているのだというメッセージを添えたり，相談者自身の話題に戻るように返したりする工夫とともに，自己開示をすることも重要であろう。(○)

B：相談員の中立性を保ち，あくまで相談者自身について考えていく場であることを伝え返す応答である。このような対応は，対面でのカウンセリングの場では一般的であり，相談員の基本的な姿勢の一つである。しかし，相談員の顔が見えないSNSカウンセリングの場においては，相談者からすると，このような応答では人間的な温かさが感じられず，機械的に対応されている感覚につながることがある。(△)

C：相談員は受けとめるのみの対応で，選択問題1の選択肢Cと似たタイプの応答である。選択問題1は，相談者が自問自答のなかで言葉を生み出している場面だったため，相談員があまり多くを語らない応答が意味を持っていたが，こちらは相談員に質問をしている場面である。このような場面で，「うーん，どうしているかなぁ」という応答のみになると，相談者にとっては，質問をかわされているように感じられる可能性がある。状況によって適切な応答が異なるということを，考えさせられる場面である。（△）

D：相談員の自己開示を，相談者がどう受けとめるかという視点が欠けている応答である。カウンセリング場面での自己開示は，日常会話のなかの自己開示とは異なり，その目的は常に相談者のためである。特にこの応答のように，相談者とは異なる視点を伝える際には，二人の間に大きなズレが生じる場面であるため，それを伝えることの意味を十分に見立てたうえで，慎重に行うべきである。（×）

選択問題３

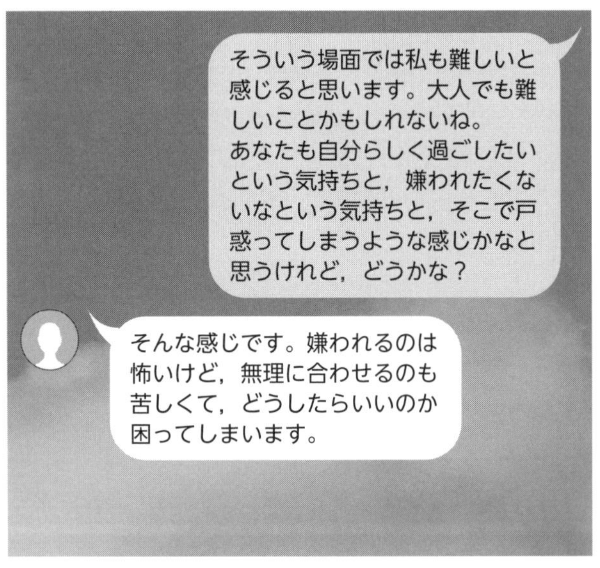

【あなたの応答を自由に書いてみましょう】

■以下の選択肢のなかから，妥当な応答を選んでください。

A．人生の先輩として言わせてもらうと，無理に合わせるような人間関係はやめたほうがいいんじゃないかと思います。すぐにうまくいかなくなりますよ…

B．人に嫌われるのって怖いよね。でもあなたはちゃんと怖いことに気づけているのね。

C．それじゃあ，もう一度，別のグループのなかに入ってみたらどうかな。あなたが心配しているだけで実際うまくいくかもしれないよ。

D．あなた自身は，どんなふうにいられたらいいと思いますか？

■解説

A：相談員が自分の経験に基づいて，助言を行っている発言である。特に相談員よりも年齢が若い相談者からの相談や，相談員自身と境遇が重なっている相談者からの相談に，このように自分の経験に基づく助言を行ってしまいがちであるが，うまくいくことは少ない。自分の経験が相談者の経験と完全に重なることはほとんどなく，出来事に対する感じ方や考え方は，それ以上に異なっている可能性が高いためである。また，「人生の先輩として」という言葉についても，相談者によっては抵抗があるため，不用意に使わないほうがよいだろう。（×）

B：相談者の気持ちを受けとめ共感したうえで，相談者自身がとらえていない部分に目を向けて言葉にしている応答である。この場面では，相談者の言う「嫌われるのは怖いけど」という言葉を受けて，「でも，あなたはちゃんと怖いことに気づけているのね」というような，相談者には見えていない意味を伝え返すこと自体は，過度にポジティブな方向づけをするわけでもなく，アドバイスをするわけでもなく，中立性を保ちながら相談員の見方を伝えることになりうる。(○)

C：相談者からネガティブなニュアンスの発言があると，ついつい即時的な解決策を求めて，アドバイスを与えたくなることがある。相談員からのアドバイスは，相談者にとって新たな視点や気づきを与えることにもなりうるが，不用意なアドバイスは相談者をかえって傷つけることにもなりうる。この事例では，ここまでのやり取りのなかで，相談者は一度女子のグループに入って孤立してしまった経験があることを述べているため，「もう一度別のグループのなかに入ってみたらどうかな」という安易なアドバイスによって，相談者のなかに「やってみよう」という気持ちが湧き起こる可能性は高くはないと見立てられる。むしろ相談者からすると，自分の状況をわかってもらえていないという傷つきにもつながるかもしれない。(×)

D：選択問題2のやり取りの部分では，相談員の考えを伝えた場面があったため，ここではその言葉を受けて，相談者自身がどのように感じているかを尋ねるような発言をしてもよいだろう。このように，相談者自身の心の内に目を向けるような発言を相談員がすることは，相談者の内省的な展開を促進させるため，新たな気づきや考えが生まれる機会になりうる。(○)

相談の続き

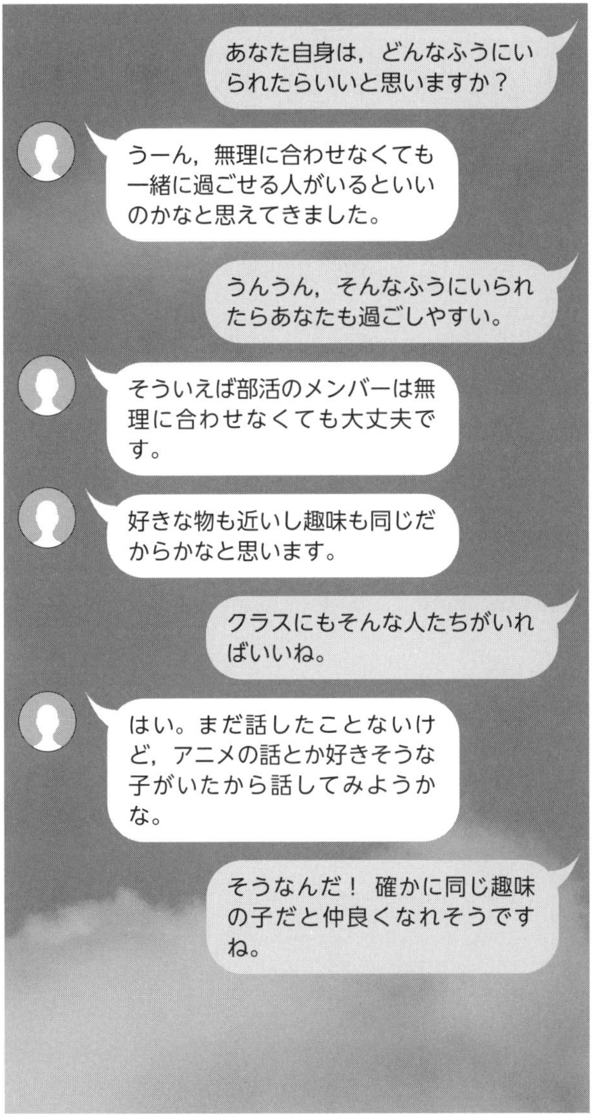

あなた自身は，どんなふうにいられたらいいと思いますか？

うーん，無理に合わせなくても一緒に過ごせる人がいるといいのかなと思えてきました。

うんうん，そんなふうにいられたらあなたも過ごしやすい。

そういえば部活のメンバーは無理に合わせなくても大丈夫です。

好きな物も近いし趣味も同じだからかなと思います。

クラスにもそんな人たちがいればいいね。

はい。まだ話したことないけど，アニメの話とか好きそうな子がいたから話してみようかな。

そうなんだ！ 確かに同じ趣味の子だと仲良くなれそうですね。

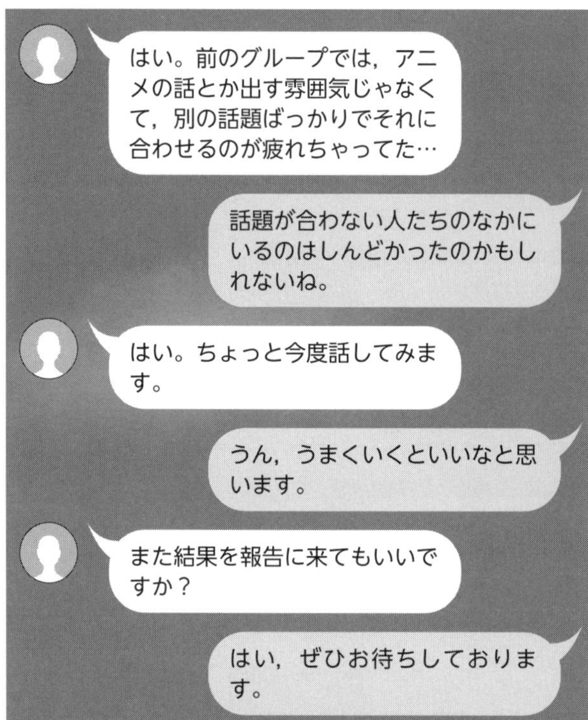
はい。前のグループでは，アニメの話とか出す雰囲気じゃなくて，別の話題ばっかりでそれに合わせるのが疲れちゃってた…
話題が合わない人たちのなかにいるのはしんどかったのかもしれないね。
はい。ちょっと今度話してみます。
うん，うまくいくといいなと思います。
また結果を報告に来てもいいですか？
はい，ぜひお待ちしております。

３．友達がいじめを受けているという女子中学生

［杉原保史］

選択問題１

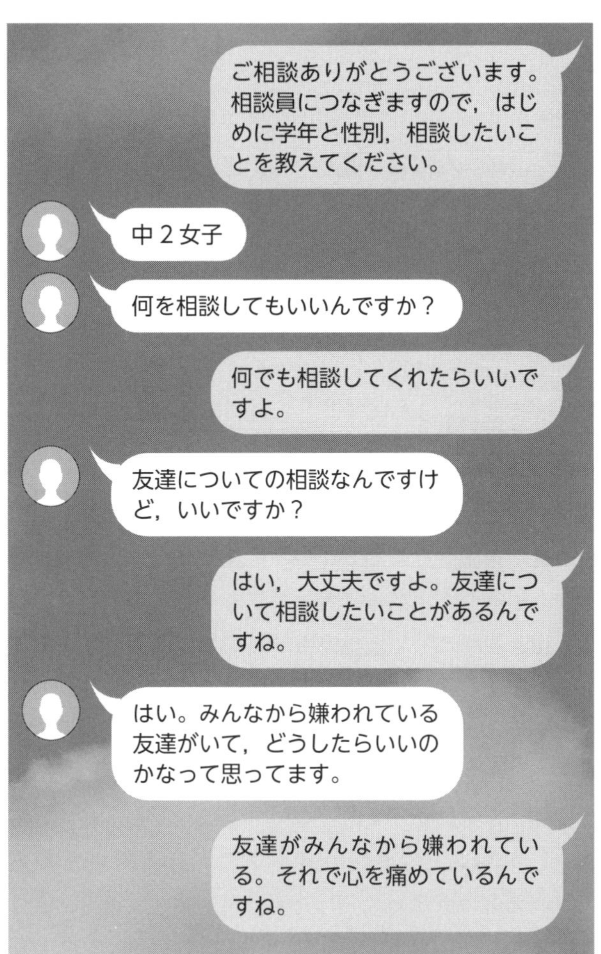

【あなたの応答を自由に書いてみましょう】

■以下の選択肢のなかから，妥当な応答を選んでください。

A．あなたは心優しい人ですね。

B．その友達はどんなふうに嫌われているのか，できるだけ具体的に詳しく教えてください。

C．最近，その友達が周りから嫌われているなと感じたのは，どんなときでしたか？

D．それはいじめに近い感じでしょうか？

■解説

A：この応答は，相談員が相談者を評価している印象を与える。相談員がどう評価するかは，相談員が相談者にとって信頼を寄せる重要な人物にならない限り，相談者にとってどうでもいいことである。この応答における相談員の意図は，相談者の他者を思いやる心を，相談者のリソースとして承認することにあるのかもしれない。それであれば「あなたは心優しい人だ」という事実の叙述のような形式ではなく，「そんなふうに友達のことを気にかけてあげるのは素敵だなと（私は）感じました」というように，相談員が感じたことを表現する形式（I-message）で伝えるほうがよいだろう。（×）

B：この流れで，嫌われているという状況の内実を，具体的に明らかにしたいという意図は理解できる。しかし，「具体的に詳しく教える」という作業は，大人にとっても難しい作業であり，中学生にとっては難しすぎる作業であろう。この応答は，その難しい作業を相談者に丸投げするものである。相談員からの的確な質問に一つ一つ答えていくと，ひとりでに具体的な状況が詳細に明らかになっている，という対話を導くよう努力するのがプロの相談員である。「何が起きているのか，具体的なことを詳しく知りたいので，いくつか質問したいと思います。大丈夫でしょうか？」というように切り出して，事実関係についての質問をしてくのがよいだろう。その際には，質問ばかりを連発せず，相談者の感じたことを尋ねたり，共感的に推測するコメントを投げかけたりして，取調べ調にならないよう注意する必要がある。（△）

C：こういう場面では，「その友達は周りからどんなふうに嫌われているのですか？」という質問をしたくなるかもしれない。しかし「どんなふうに嫌われているか」は，さまざまな答え方ができる非常に曖昧な質問である。それよりも「その友達が周りから嫌われていると感じるのは，どんなときですか？」という質問のほうが，具体的な状況の記述を引き出しやすい。「その友達はみんなから嫌われているということですが，どんなときにその子が嫌われているなって気がつきますか？」「その友達が周りから嫌われていると感じた最近の出来事を一つ教えてもらえますか？」といった質問でもよい。場面が特定されたら，「まず最初に何がありましたか？」「それからどうなりましたか？」というように，時系列に沿って整理するように聞いていくとよい。（○）

D：相談者がこの問題をいじめだと考えているかどうかという情報は，いずれ必要になるものかもしれない。しかし，まだ具体的な状況をまったく把握していないこの段階では，その情報よりも，具体的な状況についての情報を聞き取ることを優先するのが適切であろう。この段階で相談者がいじめだと考えているかどうかの情報を得ても，それで相談の進め方が変わるわけでもない。むしろ「いじめ」という，社会的にも心理的にも強い影響力を持つ言葉をここで相談員が持ち出すことで，相談員はいじめ相談として対応しようとしているのだという構えが不必要に伝わってしまい，相談の流れに微妙な制約を発生させてしまうかもしれない。（×）

選択問題 2

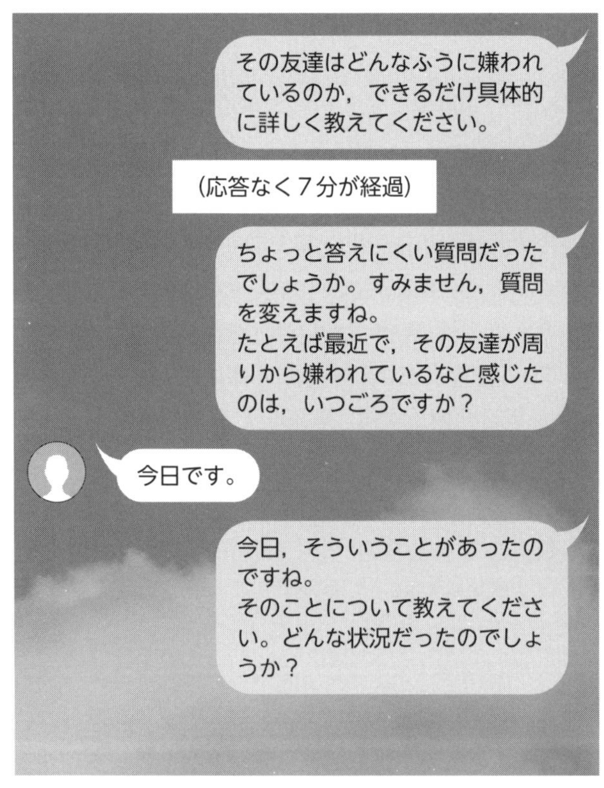

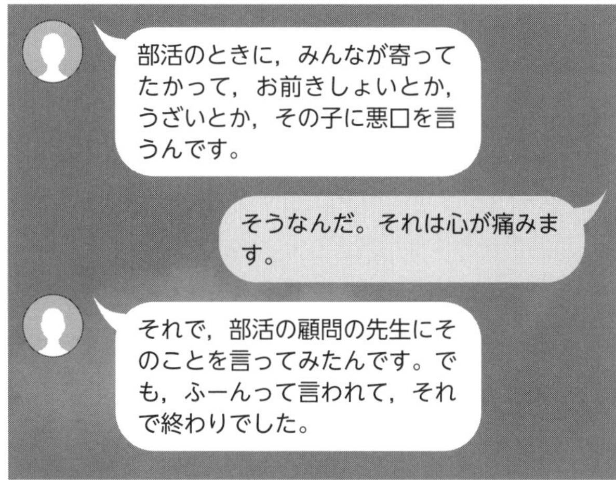

【あなたの応答を自由に書いてみましょう】

■以下の選択肢のなかから，妥当な応答を選んでください。

A．友達を心配して頑張って先生に言ってみたんですね。でも，先生は対応してくれなかった。友達を助けるために何かしてほしかったのに。

B．えっ，本当に？　それはひどいね。

C．あなたは先生にどんなふうに言ったのかな？

D．そのとき，あなたはどんなふうに感じましたか？

■解説

A：相談者は先生に何とかしてもらおうと働きかけたという。これは，相談者がこの事態を打開すべく積極的に行動した重要な出来事なので，そのまま繰り返して強調している。そのうえで，相談者のその行動の背後にあると推察される相談者のニードを明確にしている。相談者にとって重要なニードを明確にすることは，相談を建設的に展開させるうえで基本的に有用な作業である。(○)

B：「えっ，本当に？」という応答は，相談員の驚きを表現したものであろうが，相談者に自分の言葉を疑われていると受け取られる可能性がある。また，「それはひどいね」という応答は，相談員が相談者の味方であり，相談者が先生に対して抱いているであろう不満を妥当なものと見なしていることを伝えるよう意図したものであろうが，まだほとんど事実関係の情報が得られていない現段階では，その判断の裏付けが乏しく，軽率な印象を与えてしまいかねない。先生に対する相談者の否定的な判断を不適切に強化し，敵対的関係を煽(あお)ってしまう可能性もある。相談員は，相談者が抱えている苦しい事態を，複数の視点から多面的に見ることができるよう助ける役割であることからしても，この応答に先立って基本的な事実関係について質問し，把握する努力をすることが適切であろう。(×)

C：この応答は，相談者がどんなふうに先生に話したのかを尋ねるものであるが，この質問を尋ねられた相談者は，相談員が「あなたの話し方が悪かったのではないのか？」という疑義を抱いているから，このような質問をしてくるのだと推測する可能性が高い。相談者が相談員から疑いの眼差しで見られていると感じると，両者の関係には亀裂が入り，相談は深まりにくくなる。相談者の話し方に疑問を持ったとしても，「先生にはあなたの言ったことがうまく伝わらなかったのかな？
　先生が何もしなかった理由について，思い当たることが何かありますか？」というような聞き方のほうが，疑いの目で見られていると受け取られる可能性が低いだろう。(×)

D：相談者は先生が何もしてくれなかったことに不満を感じ，残念に思っているものと推測される。しかし，ここで相談者はそのことを直接には言葉にしていない。それゆえ，それを明確にするよう促す質問は，相談を生産的なものにしていくものと期待される面はある。もしかすると，相談者が今回の相談で扱いたいと潜在的に願っている問題は，先生に対するこの不満にあるのかもしれない。その意味で悪くない応答ではあるが，相談者が不満や残念さを感じていることが容易に推察されるこの文脈では，距離のある，紋切り型の職業的応答という印象を免れない。文字だけのやり取りであるSNS相談ではいっそうその印象が強まってしまう。「せっかく先生に言ったのに，何もしてくれなかった。それは悔しかっただろうね。あなたはそのとき，どんなふうに感じたのかな？」というように，相談員の共感的推測を伝えながら尋ねるほうが有用であろう。（△）

選択問題3

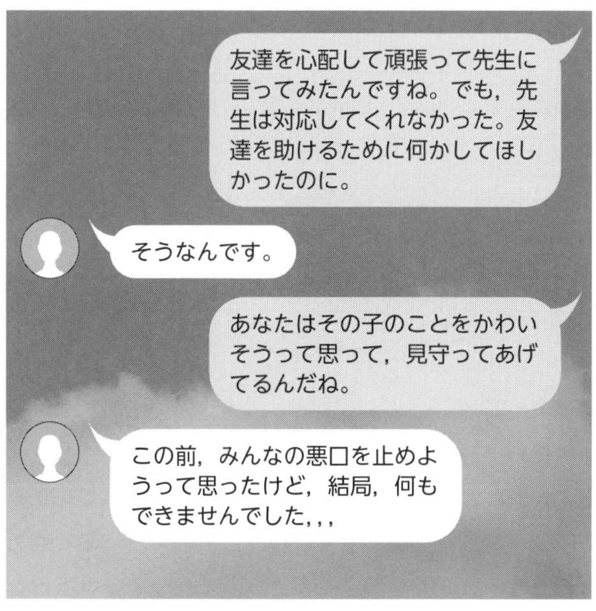

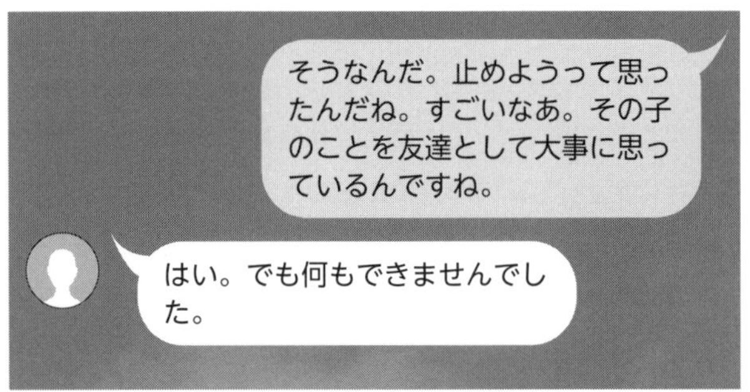

【あなたの応答を自由に書いてみましょう】

■以下の選択肢のなかから，妥当な応答を選んでください。

A．何もできないよね。無理だよね。

B．無力感を感じているんですね。

C．その状況で何かするのはとても難しいね。でも何かしたかったんだね。たとえばどんなことができたらよかったかな？

D．あなたはこのことを先生に話したよね。だから，できることはちゃんとやったということじゃないのかな。

■解説

A：落胆している相談者に同情，同調する応答。この状況では何もできないという思いを当然のこととして認め，無力感をただ一緒に感じている。こういう応答が慰めになることもあるが，無力感を強めてしまうだけに終わることもありうる。ひとまずこうした応答で，一緒に無力感に沈むこともプロセスとしてはありうるが，ここから，この無力感

の出口を探す作業が必要となる。(×)

B：こうした状況における標準的な応答だが，音声を伴う対面や電話とは違って，文字だけのやり取りではやや距離感を感じさせてしまうだろう。このような応答に対して「はい，そうです」という反応が返ってきたらどう応答するのか，考えておく必要がある。相談員の役割は，この無力感の泥沼にただただ一緒に引きずり込まれるのではなく，無力感を大事にしながらも単に無力なだけではない，肯定的で建設的な心の動きを促進することにある。無力感を感じながらも，無力感以外の感情を探索することに穏やかに誘う必要がある。(○)

C：まずは，この状況で何かすることは難しいことであり，何もできないのも理解できることだと，クライエントのありようを承認している。何もできなかったということは，何かしたい気持ちがあったということである。できなかったという結果ではなく，何かをしたいという気持ちのほうに焦点づけ，その気持ちをサポートすることは，カウンセリングの基本である。そのうえで，どういうことができたらよかったと考えているのか，目標となるイメージを探索するよう促進している。何かができなかった話をする相談者が，どうしていればできたと言えるのかについては，曖昧なままであることは多い。一緒にこの問いに取り組み，答えが出てくれば，目指すべき方向性についての理解が深まるだろう。ただし，この質問は，多くの相談者にとって答えるのが難しい質問である。すんなり答えが出てこない場合にどうフォローするかを，考えておく必要があるだろう。(◎)

D：相談者はすでに，このことを先生に話すという積極的な行動を取っていた。この応答は，ここでその事実を思い起こさせ，何もできなかったわけではないという見方を伝え，相談者を無力感から抜け出させようとするものである。その意図は理解できるが，このタイミングでは，無力感を訴えている相談者に対して，無力感を否定し，無力感に蓋をして，あなたは無力ではないと説得しているような格好になってしまう。まずは無力感を受けとめたうえで，そうするほうが効果的である。（△）

4．ひきこもり気味の若い男性

［樋口隆弘］

選択問題１

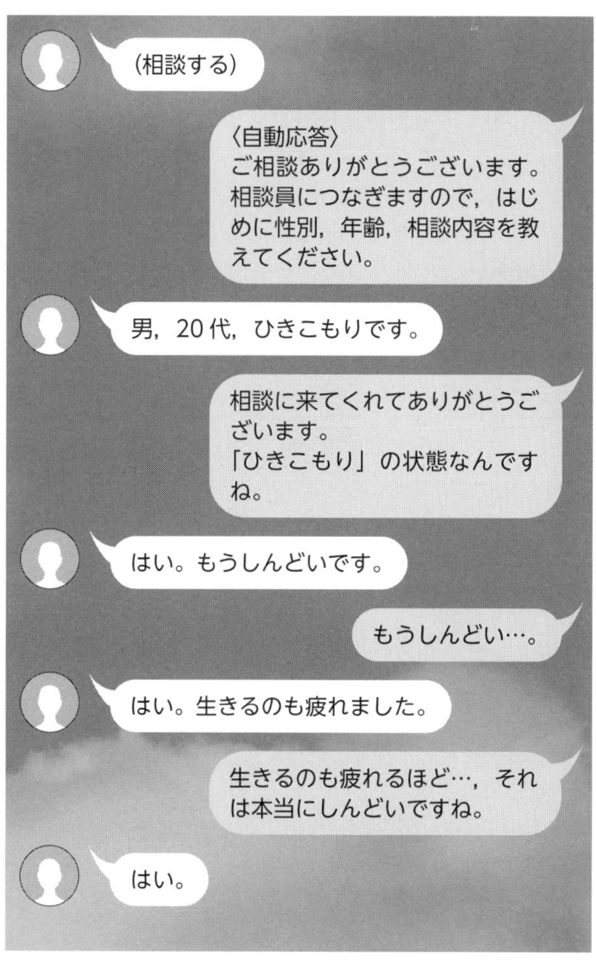

あなたの力になりたいので，よかったら一緒に考えていきたいです。

ありがとうございます。

こちらこそありがとうございます。いくつか質問してもよろしいですか？
答えにくいことは無理に答えなくても大丈夫ですよ。

はい。

あなたの「ひきこもり」とは，どんな状態ですか？
自分の部屋からまったく出られない，など。

例を伝えることで，答えやすいように配慮している。

部屋から出ることもあります。
夜中にコンビニに行くこともあります。

そうなんですね。誰かと一緒に住んでいますか？

両親と姉がいます。

教えてくれてありがとうございます。
家族とは話したり一緒にご飯を食べたりしますか？

まったく話しませんし，ご飯は自分の部屋で食べるか，誰もいないときに食べています。

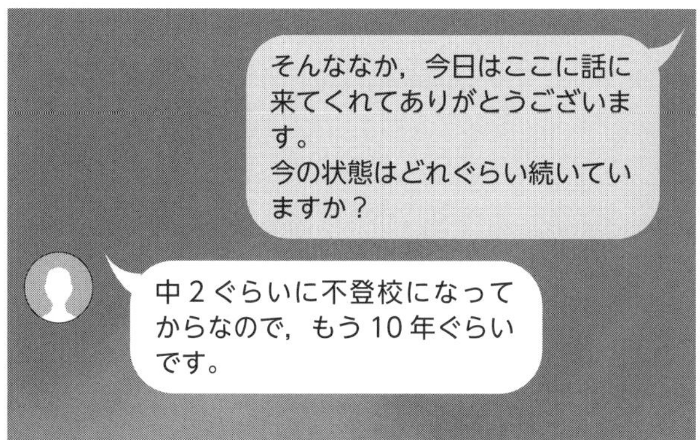

【あなたの応答を自由に書いてみましょう】

■以下の選択肢のなかから，妥当な応答を選んでください。

A．そんなに長い間…

B．中2の頃から，10年ぐらいなんですね

C．中学生の頃に何かあったんですか？

D．文字で見る10年と，あなたが過ごしてきた10年とでは，重みがまったく違うように感じます。

■解説

A：10年が長いかどうか，どのように感じるのかどうかは，人それぞれ異なるものである。相談員は，「10年もひきこもりが続いて，本当につらいだろうな」という共感のもと，応答したのかもしれないが，「10年もの長い間ひきこもっているのか」という相談員の価値観が入っており，相談者にネガティブに受け取られてしまう可能性がある。それ

を防ぐためには，「10年もの間ひきこもっていると，本当につらいのではないかと思います」というところまで，言語化する必要がある。（△）

B：選択肢Aでも述べたとおり，相談者にとって10年が長いのかどうか，10年をどのように感じているのかどうかは，相談初期の段階ではまだわからない。そのため，今の段階では相談者の言葉をそのまま使っている。また，「不登校」はひきこもりの話からずれてしまう可能性があるため，今はあえて反応していない。（○）

C：中学2年生の不登校をきっかけに，現在のひきこもり状態になっているかもしれないが，相談者が話したい内容から逸れてしまう可能性がある。相談員が原因を究明しようと思えば思うほど，相談者の話したいこととズレが生じる可能性があることを意識しておく。また，不登校やいじめ，虐待などの内容は，相談員が質問することで相談者がそれらの体験を思い出し，傷つきを生む可能性がある。そのため，安易に聞くのではなく，相談者の心的状態，ペースに配慮し，無目的に尋ねることはしないように注意する。（×）

D：中学生の頃から現在の状態が続いていることに思いを馳せた，共感的な反応である。ただ，「重みを感じます」と伝えるのではなく，〈文字で見る10年と，あなたが過ごしてきた10年〉のように言語化して伝えることで，選択肢Aのようにネガティブに伝えることを防ぐことができている。（○）

選択問題２

文字で見る 10 年と，あなたが過ごしてきた 10 年とでは，重みがまったく違うように感じます。

そうですね…。長いようで，あっという間だったようにも思います。

うんうん，長いようで，あっという間だったんですね。
食欲や睡眠，身体の調子はどうですか？

ご飯は食べたり食べなかったり，昼夜逆転気味ですね。
病気は無いと思いますが，風邪を引いたときには，このまま死ぬんじゃないかと不安になります。

このまま死ぬんじゃないかと思うぐらい不安になるんですね。
体調が悪くなったときに誰かを頼りたくても頼れない，病院に行こうと思っても行けないことを想像すると，その不安もわかるような気がします。

そうなんですよね…。

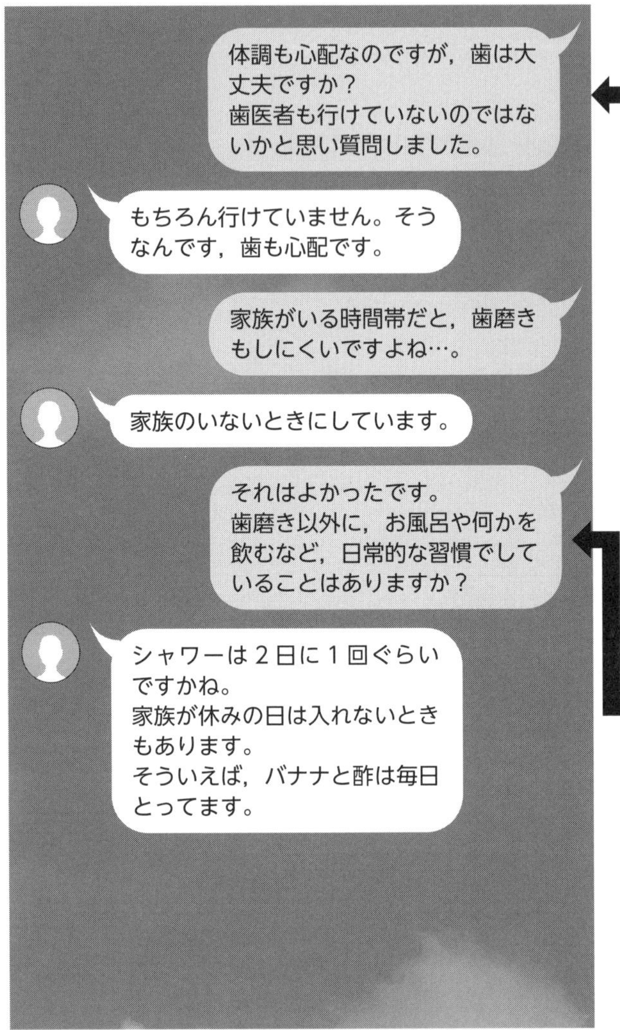

どうして質問をしたのかという理由を，伝えたほうがよい場合がある。それは，相談員にとっては，前の話とつながっていると考えていたり，後から前の話とつなげようと考えていたりするかもしれない。しかし，相談者が「話がずれた」「それは話したい内容ではないのに」と思うと，相談者が離脱したり，話す意欲が低下したりすることがあるためである。

お風呂に入れているかどうか，清潔を保てているかどうかは，ひきこもりの程度を把握すること，外への出やすさを考えるために重要な点であるため，例を挙げて答えてもらうように確認している。

【あなたの応答を自由に書いてみましょう】

■以下の選択肢のなかから，妥当な応答を選んでください。

A．自分のタイミングで入れないときがあるのはつらいですね。バナナと酢を毎日とっているんですね！

B．2日に1回もシャワーできているんですね。

C．バナナと酢，いいですね。私も毎朝バナナを食べてます。

D．家族はみんな働いているんですか？

■解説

A：２日に１回という頻度（事実）に反応するのではなく，「家族が休みの日は入れないときもある」という発言から，相談者の状況に思いを馳せた共感的な応答になっている。また，「！」を用いることで，「いいですね」のように，良い悪いの評価を安易に伝えるのではなく，相談者のリソースや頑張っていることとして関心があるということを伝えるのを意図している。（◎）

B：「ひきこもりの人はもっとお風呂に入らないはずだ」という，相談員の価値観が入ってしまっている。仮に，「２日に１回しか，シャワーできていないんですね（それはつらいですね）」といった応答でも，相談員の価値観が入ってしまっている。相談員の価値観が間接的に伝わるような表現には，注意を払う必要がある。（×）

C：親近感を得られるかもしれないが，相談者に聞かれてもいないのに相談員が自分のことを答えることはあまり効果的ではない。親近感を得る目的であえて発言しているのであればまだよいが，一般の会話のように，相談者の言葉に反応して自己開示してしまっているだけであれば意図がない応答なので，専門家である相談員としては避けるべきである。(△)

D：相談者のリソースが出てきたにもかかわらず，反応していない。時に相談員は，相談者の力になろうとするがあまり，情報収集の質問ばかりになってしまうことがある。相談員としては，情報を集めてから相談者の力になるようなことを何か言おうとしているのかもしれないが，相談者からすると，相談員からの質問が続くと自分の話を聴いてもらえていない感覚に陥り，離脱してしまうことがある。その結果，相談者の力になれずに終わってしまう。そのため，共感的応答と情報収集のための質問のバランスは，常に意識することが求められる。(×)

選択問題 3

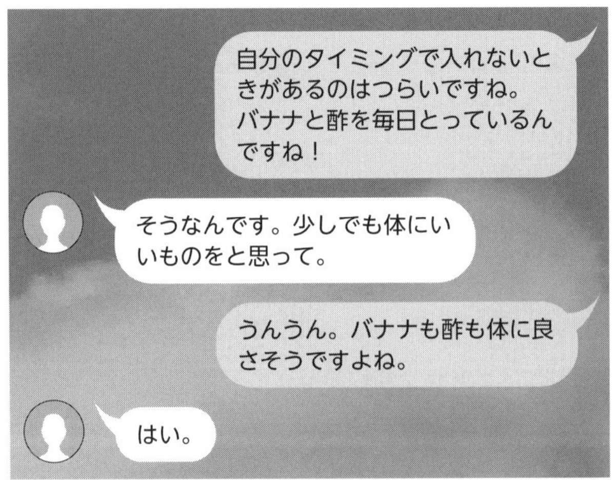

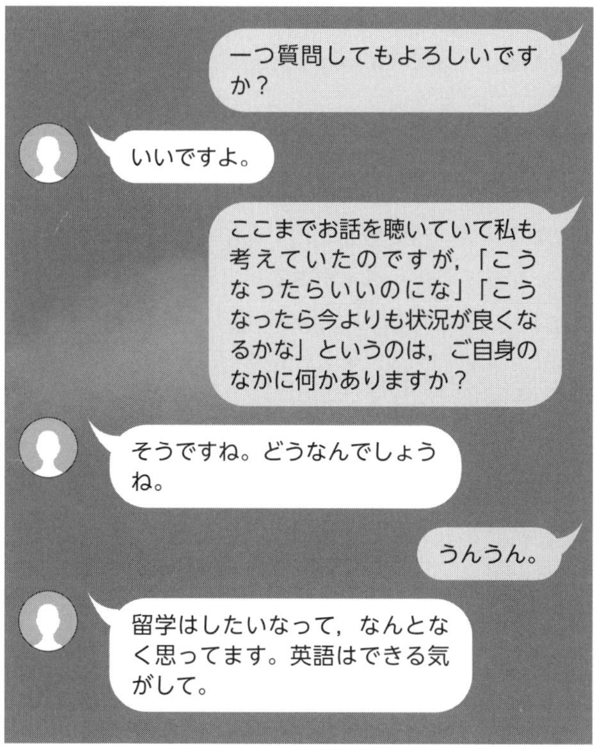

【あなたの応答を自由に書いてみましょう】

■以下の選択肢のなかから，妥当な応答を選んでください。

A．留学！いいですね！

B．うんうん，英語ができる気がして，留学したい気持ちがあるんですね。

C．留学だったら高卒認定を取ったほうが行きやすそうですね。

D．留学がしたいんですね。それに向かって今何かしていることはありますか？

■解説

A：相談員が，相談者からリソースが出てきたことに安堵し，相談者のリソースに前のめりになってしまうことがある。たしかにリソースを支持することは望ましいが，この1回の相談を成立させる（相談員にとってうまくいったと思えるようにする）ためだけに，リソースを支持することは望ましくない。つまり，相談者から出てきたこのリソースは，今後どのように相談者に作用するのかを考えたうえで，支持の仕方も考えなければならない。この相談者の場合，留学のみに焦点を当てると，留学までの道のりが遠く，挫折体験を生み，ひきこもりを強化することになる可能性を念頭に置いておく。（△）

B：相談者は「英語はできる気がして」と言っているのを，あえて〈英語ができる気がして〉に言い換えている。「は」と「が」は相手に伝わるニュアンスが異なる。「英語は」というと，「他のことはできないが英語はできる」というニュアンスとなるが，「英語が」といっても，他のことができないニュアンスはない。相談者は自分の現状を考えてあえて「英語は…」と言ったのかもしれないが，自分でできないことを自覚することと，相手からできないことを指摘されるのでは，ショックの度合いは異なるため，相談員の応答としては，あえて「英語が」としている。（○）

C：留学に高卒認定が必ず必要なわけではないが，相談員がこのような発言をしてしまうのは，「現状のままではよくない」「将来のために高卒認定を取ったほうがよい」という価値観があるためである。留学という話が出てきたことをチャンスととらえ，たとえそれが相談者のことを思ってのことだとしても，相談員の価値観を押し付けようとしている。この時点で，高卒認定という現実的な話を提示すると，相談者にとっては大きな壁を感じて現状に絶望するかもしれない。さらに，周囲の人に「高卒認定は取ったほうがいい（取れないことはよくない）」と言われたり，そのような価値観をすでに押し付けられたりしているかもしれない。専門家として，知らず知らずのうちに，相談者の“親”のようになることは望ましくない。（×）

D：留学がしたいという思いを受けとめたうえで関心を持ち，「今のあなたでも（いつかは留学）できる」という相談員の思いが伝わる応答となっている。現実的にどうすればいいかを相談員から伝えるよりも，相談者が現在取り組んでいることを聞き，それを続けてもらうことを支持したり，相談者が取り組んでいることに少し別の視点を加えたりすることのほうが，相談者の意欲は高まり行動変容も生じやすい。（○）

5.　職場環境でのストレスに悩む中年男性

［鈴木優佳］

選択問題 1

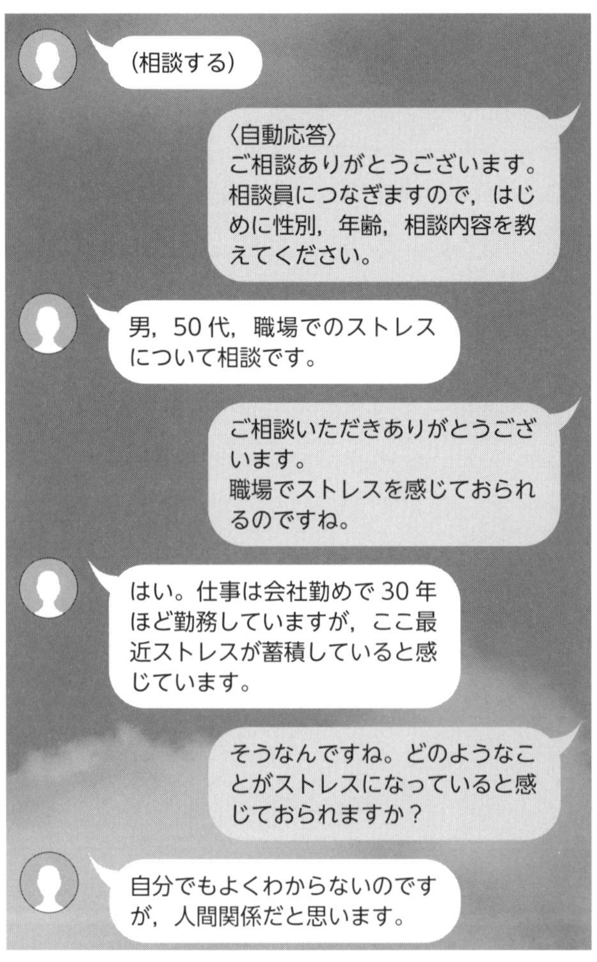

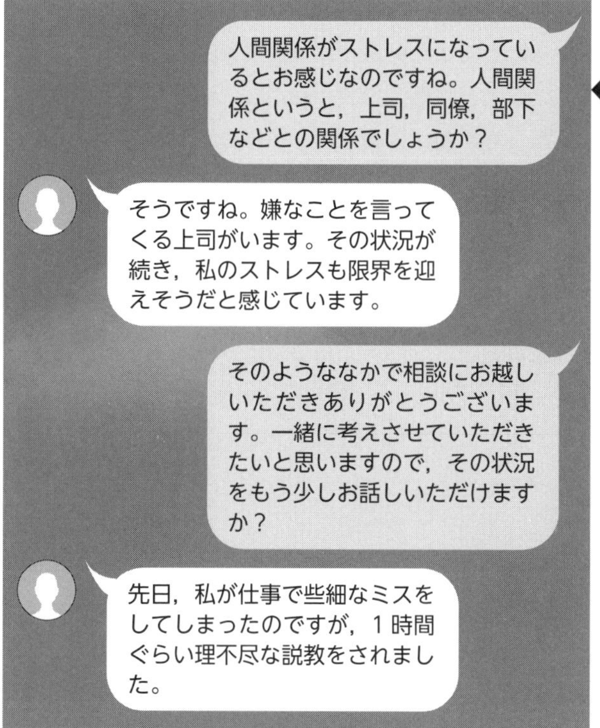

自分でもよくわからないという相談者に，例を出して話をしやすくしている。

【あなたの応答を自由に書いてみましょう】

■以下の選択肢のなかから，妥当な応答を選んでください。

A.「理不尽な説教」とはどのようなものだったのでしょうか？ また，日常的にそのような「説教」がある状況なのですか？ それから，その上司はどのような方なのでしょうか？

B．１時間も理不尽な状況を耐えておられたのですね…想像するだけでも，苦しい体験だったのではないかと拝察します。

C．自分を見下されているように感じておられたのですね。

D．それは災難でしたね。その他にも困られていることがおありですか？

■解説

A：１時間も理不尽な説教をする上司がどのような人なのか，日常的に説教をするのか，相談者側に落ち度があったのかなど，さまざまな情報を知りたい，聞きたいと思う気持ちが相談員のなかに湧き起こってくる場面である。そのような相談員の姿勢は，相談者の置かれた可能性や相談者の見立てを考えることにつながるので，非常に重要である。しかし，相談員側がそれをすぐに問いかけるかどうかは，慎重な判断が必要である。相談員が何かを質問することは，相談者が話す幅を限定することにもなりえ，また現実的な情報を次々に尋ねると相談者は事情聴取のような感覚を味わうことにもなりうる。最初の段階では，相談員側はさまざまな可能性を想像しながら待つ姿勢を心がけ，まずは相談者の話を聴くことが必要である。（△）

B：相談者の体験を想像し，気持ちに寄り添おうとする発言である。相談員側が，その後のやり取りの話題を限定しないため，相談者が自由に話すのを促すことにもなりうる。相談の序盤では，このような姿勢で相談者の話を聴くのがよいだろう。（○）

C：選択肢Bと同じく相談者の体験を想像し，寄り添おうとする姿勢は感じられるものの，「見下されているように感じておられた」という判断は，やや決め打ちの言葉である。相談者にとって強い印象を与える言葉は，文字情報だけのやり取りでは，より強烈なインパクトをもって受け取られる可能性があるため，関係が構築されていない段階ではより慎重に行うべきである。（×）

D：選択肢Aにも記載したとおり，この相談者と上司との間に生じていることを見立てるためには，説教をされる頻度やその他の出来事も含めた現実的な状況を相談員が把握することには意味がある。しかし，相談者は，まずはこの出来事を選んで話そうとしている場面であるので，「その他にも困られていることがおありですか？」と他の話題にすぐに移らずに，そこでの相談者の体験や気持ちなどについて十分に深めることが優先事項である。(△)

選択問題２

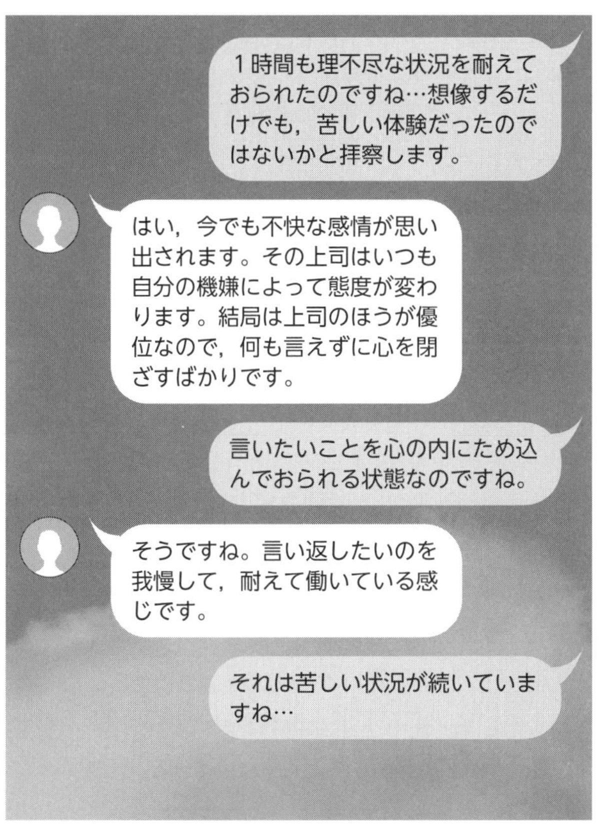

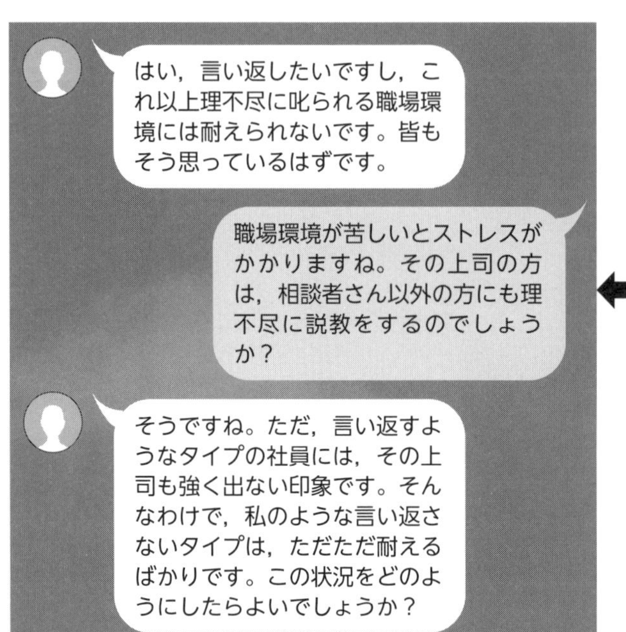

相談者側から「皆もそう思っているはずです」という言葉が出てきたタイミングで，それに類似するような現実的な質問「相談者以外にも理不尽な説教をするのか」を相談員側から投げかけると，やり取りの流れを崩さずに現実的な状況が把握しやすい。

【あなたの応答を自由に書いてみましょう】

■以下の選択肢のなかから，妥当な応答を選んでください。

A．この状況をおうかがいして，ご自身の心の内に理不尽さや腹立たしさなどのさまざまな気持ちをため込んで，我慢していることが伝わってきました。その気持ちについて一緒に考えてみませんか？

B．会社のハラスメント窓口に相談をしてみてはいかがでしょうか？ その手順を一緒に考えてみませんか？

C．先ほど「言い返したいのを我慢して」とおっしゃっていましたが，本当はどのようなことを言い返したいでしょうか？ 言いたいことを少しでも言い返せるように，ここでちょっと練習してみるのはどうでしょうか？ それを一緒に考えてみませんか？

D．あなたはどのようにしたいと思っていますか？

■解説

A：相談者から「どのようにしたらよいでしょうか？」と尋ねられ，相談員として，何かを答えなければならないという気持ちが沸き起こってくる場面である。選択肢Aは，現実的なアドバイスや早急な提案ではなく，相談者の気持ちに焦点を当てて，それを深めることを提案する応答である。言い返したくてもできない相談者の気持ちや背景にまで目を向けて，その部分に寄り添って考えていくアプローチは，この場合に適切な方法の一つであろう。（○）

B：ここでは，会社のハラスメント窓口に相談をしてみたらどうかという現実的な提案をしている。このように，適切な相談窓口を紹介したり，必要な情報提供をしたりすることは，SNSカウンセリングの重要な役割の一つであることは間違いない。しかし，この事例においては，現実的な状況が把握しきれておらず，相談者の見立ても十分に立っていない状況であるため，相談者と上司との間に生じていることをハラスメントと判断し，窓口を紹介することはやや性急な提案である。このように他の窓口を紹介したくなる気持ちの背景に，相談員側の焦りや不安が隠れていないかを，今一度確認してもよいだろう。（△）

C：選択肢Cは，具体的にどのようなことを言いたいのか，どのような形であれば言い返しやすいのかを考えてみることを提案する応答である。この相談者のように，「言い返したい」という思いがある場合には，行動面に着目するような応答も適切な方法の一つとなりうる。ゆえにこの場面は，選択肢Ａのように内面からアプローチをする方法と，選択肢Ｃのように行動面からアプローチをする方法が考えられ，アプローチの違いによって二つの応答が考えられる場面と言えるだろう。どちらが効果的かはクライエントによるので，自分が頻繁に用いる方法とは異なるアプローチについても知っておくことは意味があるだろう。（○）

Ｄ：対面で行われるカウンセリングの場面では，相談者が自ら解決への道を模索し見出していくのを支えるために行われる一般的な応答である。しかし，関係が十分に構築されていない状況で，文字情報のみのやり取りのなかで，「あなたはどのようにしたいと思っていますか？」とだけ問われると，相談者は放り出された感覚になったり，相手にしてもらえていない感覚になったりすることがある。（△）

選択問題 3

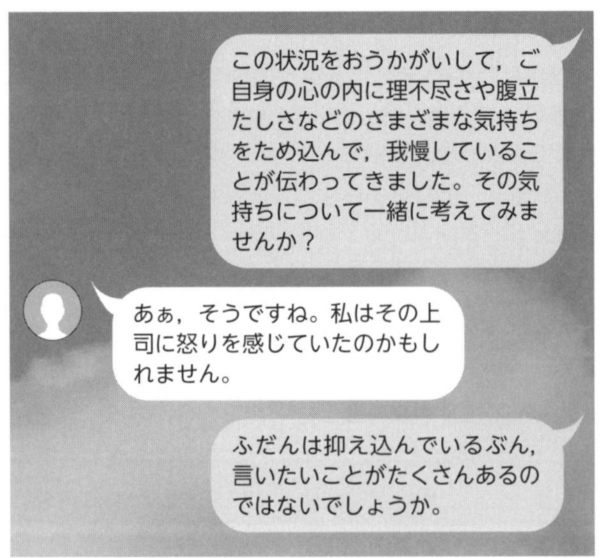

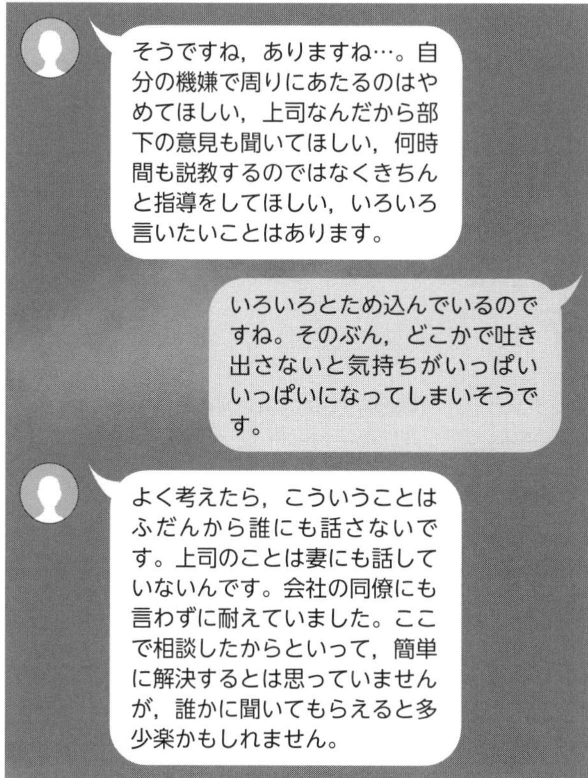

【あなたの応答を自由に書いてみましょう】

■以下の選択肢のなかから，妥当な応答を選んでください。

A．そのようななかで今日はよく相談してきてくださいました。それだけでもあなたにとって素晴らしいことです！

B．誰にも相談されずに抱えておられたのですね。奥様にも言えないこと，吐き出してしまいたいことは他に何かありますか？

C．あなたのなかに，人に弱みを見せたくないという気持ちがあるのかもしれませんね。

D．これまでも，さまざまなことをお一人で抱えて来られることが多かったのではないかと拝察します。話しづらいというお気持ちやその背景にあるものについても，こちらで考えてみませんか？

■解説

A：「素晴らしい」などのように，価値判断の方向づけを相談員のほうからすることは適切ではない。この場面では，「相談することが素晴らしい」のであるならば，裏を返せば，これまで相談をしてこなかった相談者を批判するという意味が込められてしまうため，慎重に行うべきである。（×）

B：誰にも話せずに抱え込んでしまうという相談者の在り方に目を向けた応答ではある。ただ，職場の人間関係のことで相談をしたい相談者からすると，「奥様にも言えないこと，吐き出してしまいたいことは他に何かありますか？」といった応答は，やや話題がずれてしまう印象を持たれる可能性がある。ここで相談員がやり取りの流れを変えたり方向づけたりするのではなく，相談者の側から夫婦関係のことも考えていきたいという流れになった際に，このような応答をしていくのがよいだろう。（△）

C：選択肢Cは，相談者の在り方の背景に目を向ける発言であり，相談者の内面の心の動きに踏み込んだ解釈である。ここで，相談員が解釈した「人に弱みを見せたくないという気持ち」は，相談者側から出てきた内容ではない。このように，相談者自身が意識をしていない部分に踏み込む解釈は，相談者にとっては受け入れがたいものとなる場合があり，相談者に与えるインパクトが強くなるため，相談員の理解を伝える際には慎重に行うべきである。特に，信頼関係が十分にできていない場合には，性急な解釈はあまり望ましくないだろう。(△)

D：話題の中心が，当初の主訴から個人的な問題に移っていくことは，カウンセリングの場では往々にしてありうることである。この事例でも，職場の人間関係の悩みが入口の話題となっていたが，今後の展開では，誰にも話ができず一人で抱え込んでしまうという相談者の在り方に，目を向けていく場になっていく可能性がある。相談員がそのような理解を持ちつつ話を聴いていくと，このような応答につながるであろう。(○)

6．統合失調症の可能性がある成人男性

［宮田智基］

選択問題1

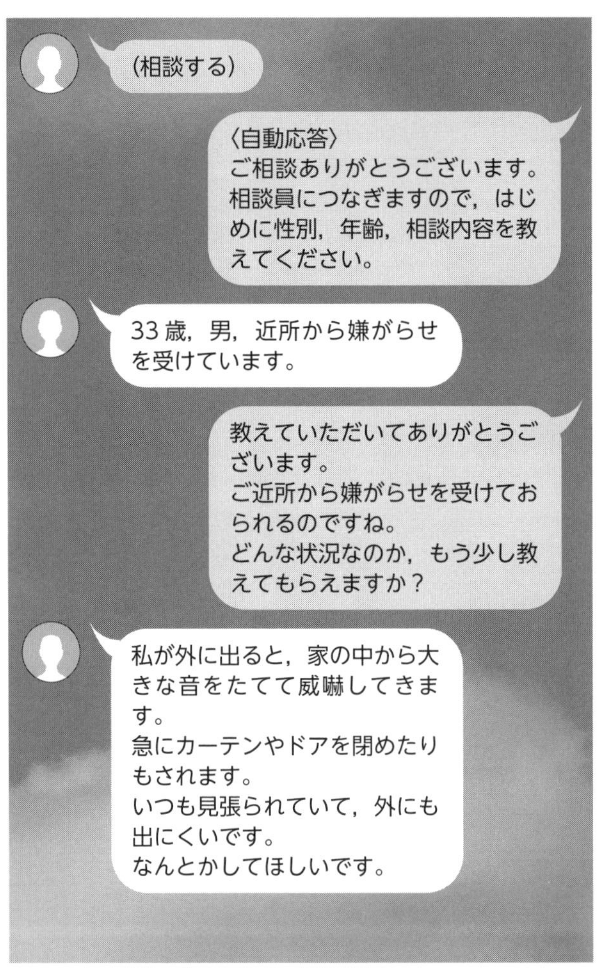

【あなたの応答を自由に書いてみましょう】

■以下の選択肢のなかから，妥当な応答を選んでください。

A．それはひどいですね。警察など，どこかに相談していますか？

B．音をたてて，威嚇ですか？　少し考えすぎではないでしょうか。

C．大きな音を出して，威嚇されたりするんですね。見張られているというのは，どういうところからそう思われたのですか？

D．それはたしかに大変ですね。そういうことは，いつ頃から始まったのですか？

■解説

A：相談者の訴えが現実なのか，それとも妄想なのか，まずはアセスメントのための情報収集が必要である。〈それはひどいですね〉という応答は，相談者の訴えを事実として認め，同調している印象を与えてしまう。また，この応答では，相談員が警察への相談を勧めているように受け取られるだろう。（×）

B：相談者の訴えを，〈考えすぎ〉と否定する応答である。相談者からは，「考えすぎではありません！　実際に嫌がらせを受けているんです！」という，怒りの返答があることが予測される。このようになると，その後の軌道修正は困難になるだろう。（×）

C：まずは，アセスメントのための情報収集を行う。「感情の反射」も，〈それはひどいですね〉と同調するものではなく，よりニュートラルなものになっている。「いつも見張られていて」というのは妄想知覚の可能性があるので，そのことを詳しく尋ねてアセスメントを行う。(○)

D：〈いつ頃から始まったのですか？〉という質問は，相談者の訴えが事実の場合も妄想の場合も，いくらか役に立つだろう。しかし，「半年ぐらい前からひどくなってきました」などの返答があったとして，〈半年前からひどくなってきたんですね。何かきっかけはおありだったのでしょうか？〉と尋ねても，「私が外に出たときに，ドアを大きな音で閉められました」といった返答が得られる程度ではないだろうか。むしろ，選択肢Cのように，相談者の主観的体験を明確にする質問が効果的であると考えられる。(△)

選択問題 2

そうです。家の中でも感じます。コンビニに買い物に行っているときもつけられています。姿は見せないんですが，気配でわかるんです。

【あなたの応答を自由に書いてみましょう】

■以下の選択肢のなかから，妥当な応答を選んでください。

A．姿が見えないのに，どうしてわかるんですか？

B．絶えず監視されて，見張られている感じでしょうか？

C．いつも見張られたり，つけられたりする気配があるんですね。このことは，ご家族には相談されていますか？

D．つらい状態が続いているんですね。こういう状態が続くと，ストレスも大変だと思います。病院などで相談されてもよいかもしれませんが，いかがでしょうか？

■解説

A：相談者を疑うような質問であり，相談者を苛立たせる可能性が高いだろう。「だから気配がするんです！ 信じてくれないんですか！」という怒りの返答が予想され，その後の対応が困難になるだろう。（×）

B：相談者の主観的体験としては，絶えず見張られ，威嚇されているような感覚であろう。そうした相談者の主観的体験に，理解を示すことも重要である。その際，〈それはひどいですね！〉など，相談者に同調しすぎたり，相談者の不安や怒りをあおったりする応答は控えたほうがよいだろう。なお，この応答に対する返答は「はい，そうなんです」であることが予想され，次の介入を検討しておく必要があるだろう。（△）

C：相談者の主観的体験を否定しないようにしながら，家族の反応を確かめる質問である。予想される返答は，「家族は，あんたの妄想だ！ 薬を飲め！ と言うばかりで，わかってくれません」などであり，相談者の受診状況などを確認できる可能性もあるだろう。（○）

D：嫌がらせの真偽は追求せず，ストレスに言及することで，病院受診を勧める応答である。相談者からの返答は，「病院には行っていますが，嫌がらせなので病院に行っても解決しません」などであろうか。「病院」というワードを相談員から出すと，相談者からの反発を招く恐れがあるので，先に「家族」への相談を尋ねるほうがよいだろう。（△）

選択問題３

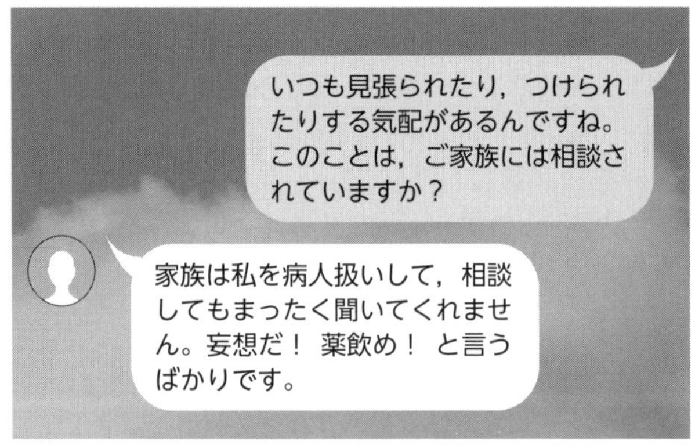

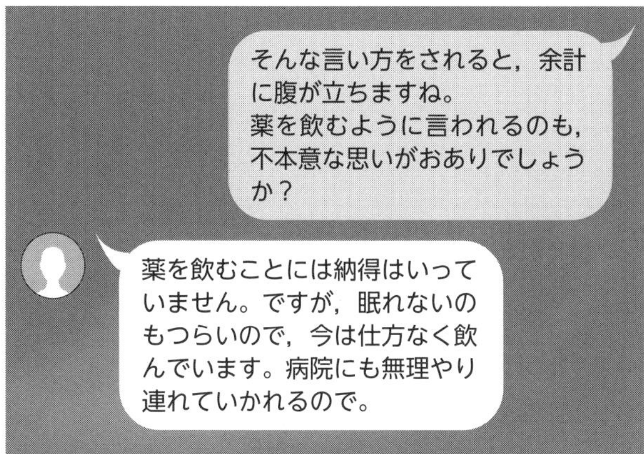

【あなたの応答を自由に書いてみましょう】

■以下の選択肢のなかから，妥当な応答を選んでください。

A．無理やりというのは，つらいですね‥お医者さんは，なんとおっしゃってますか？

B．無理やりというのは，つらいですね‥薬を飲むと，いくらか眠りやすくはなるのでしょうか？

C．ご家族も，あなたのことを心配して病院に連れていかれているのではないでしょうか。

D．お薬は，仕方がなく飲まれているのですね‥確認ですが，ご近所さんとのことは，どうなったらよいと思われていますか？

■解説

A：この質問の予測される返答は，「病気の症状だから，薬をしっかり飲んでくださいねと言われます。ですが，病気ではなくて，実際に嫌がらせをされていることをわかってくれません」などであろうか。すぐに良い展開になることは期待できないが，主治医の対応の一端がわかる介入ではある。（△）

B：ここまでのやり取りで，すでに通院はしており，薬物治療を受けていることが確認できた。この後できることは，相談者の主観的つらさを汲みながら，治療を受けることのメリットなどを取り上げ，受診への動機づけを高めることであろうか。その際も，相談者の反応を見ながら，押したり引いたりという駆け引きが必要になるだろう。（○）

C：受診の継続を促す意図があるのかもしれないが，家族の肩を持つ応答であり，相談者からの反発が予想される。相談者の視点から物事を見て，相談者の主観的体験を尊重しつつ関わる必要があるだろう。（×）

D：相談者からの返答としては，「近所の人に，嫌がらせをやめさせたいです。家族にも，ちゃんと理解してほしいです」といった返答が予想される。しかし，「近所の人に嫌がらせをやめさせる」という方向にも，「家族にちゃんと理解してもらう」という方向にも進めることができず，手詰まりになってしまう可能性が高いだろう。質問などの介入をする際は，相談者からの返答を予測し，道が開けそうな方向に介入していくことが肝要である。（×）

7．これからのキャリアについて考える30代男性

［畑中千紘］

選択問題１

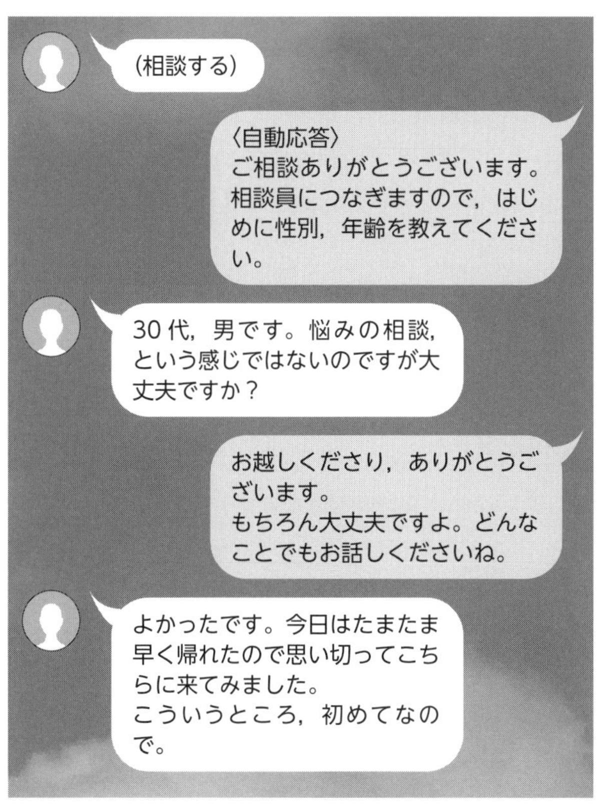

【あなたの応答を自由に書いてみましょう】

■以下の選択肢のなかから，妥当な応答を選んでください。

A．初めてのことは，誰でも緊張するものだと思いますよ。

B．では，お話ししやすいところからどうぞ。

C．お仕事，おつかれさまでございます。初めてだとどんな感じかわからず，緊張してしまいますよね。そんななか，お越しいただいてありがとうございます。

D．お仕事でお忙しいなか，来ていただいてうれしいです！

■解説

A：明らかなメンタルの問題がない人や，これまで相談機関と接点がなかった人は，心理相談に対して抵抗や躊躇を感じていることが多い。「自分などが相談に来てはいけないのではないか」「こんなことで相談していいのだろうか」などの気持ちがあることがうかがえる場合，誰でも来ていい場所であることを伝え，安心して話せる場を作ることが必要である。「誰でも緊張する」という応答は，相談者の緊張は自然なものだという意図で発せられたものかもしれないが，場合によっては「あなたの緊張は大したことがない」という意味に取られ，やはり自分が相談に来てはいけなかったのではないかという思いを強めてしまう可能性がある。「そのようななか，来てくださってありがとうございます」などの労いの言葉を後につけ加えるなどして，ニュアンスを正確に伝えるのがよいだろう。(△)

B：本題に入ることを促すことは悪くはないが，「思い切ってこちらに来てみました」という直前の相談者の言葉にまったく応えなければ，相談者は本当にここに来てよかったのかという不安を抱えながら相談に臨むことになる。特にある程度耐性がある人の場合，何らかの不安や不満があっても，それを抱えながら話につきあってくれることもあるので，相談員側が相談者の健康度に甘えないようにしなければならない。（△）

C：相談者が仕事の後に時間を見つけ，躊躇しながらもアクセスしてくれたことをストレートに労っている。また，相談者の言葉を拾って共感的に応答することで，安心して話してもらえるような場づくりを行っている。相談員の柔らかい雰囲気も伝わる応答となっているだろう。（○）

D：相談員は選択肢Cと同様に，緊張や躊躇のなかで来談してくれたことを労おうとしているが，相談員の主観が出すぎた表現となっている。相談者の役に立ちたい気持ちがあるのはよいが，それが前面に出すぎると押しつけになってしまう。あくまで相談者中心の姿勢を保つように心がけたい。（△）

選択問題２

お仕事，お疲れ様でございます。初めてだとどんな感じかわからず，緊張してしまいますよね。そんななか，お越しいただいてありがとうございます。

そんなふうに言っていただいて
なんかほっとしました笑。

私は中小企業に勤めているのですが，つい先日，社長から，今期の業績が良くなかったという話がありました。それでいろいろと改革をしていくことになって。それはいいんですが，何か，もやもやするところがあります…。

もやもやですか…，そのもやもやのなかには，どんな気持ちがおありなのでしょう。

はい，業績が大切っていうのはわかるんですけど，社長の話を聞いていると，それでいいのかなと思えてくるところがありました。

なるほど，業績も大切だけれど他にも‥？

ええ，うちは利益というより，地域密着でやっているところがウリなんですよね。それに誇りを持って働いてきました。社長は業績にとらわれている気がしてしまって。

うんうん，これまでの会社の方針とは変わってしまうように感じられているのでしょうか。

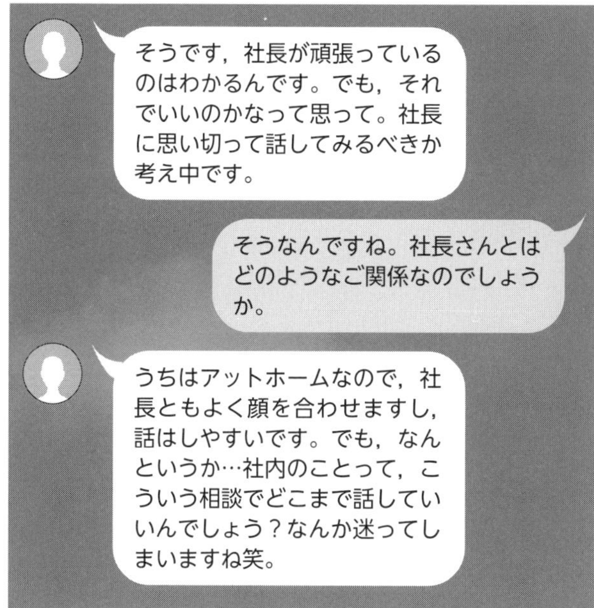

【あなたの応答を自由に書いてみましょう】

■以下の選択肢のなかから，妥当な応答を選んでください。

A．ここでは秘密は守られますよ。どんなことでもお話しください。

B．社内のことといっても，ご自身の感性を通した話ですから，お話しいただいて問題ないと思いますよ。

C．うんうん，社外で話すことは，ためらってしまうようなことなんですね…。

D．そうですね，当然，躊躇されるところもあるかと思います。何か社長さんに対して思われるところがある感じでしょうか。

■解説

A：相談員には守秘義務があり，個別の相談内容が守られることを伝えるのは重要である。しかし，この選択肢のような表現では，相談者が躊躇する気持ちを汲み取らない応答となっていて，（そんなつもりがなかったとしても）話すことを強要するようなメッセージともなりかねない。「お話できるところだけでもかまいませんよ。ここでのお話の秘密は守られますので，ご心配なさらないでくださいね」などと，相談者の躊躇する気持ちを支持する言葉もつけるとよいかもしれない。（△）

B：これも選択肢Aと同様，間違ったことは言っていないが，相談者の心情に対する理解と配慮に欠ける応答と言える。相談者が社内のことを話すことに対して感じている抵抗は，今まで自分の内に抱えていた気持ちを外に出そうとすることに対する抵抗の気持ちと重なっていると考えられる。「笑」という文字をつけていることからも，相談者のなかに直面したくない気持ちがあることがうかがえるだろう。相談者の言葉を字義どおりにとらえず，その背景にある言葉にならない不安にも思いをめぐらせる姿勢が重要である。（△）

C：この応答も，相談者の言葉を字義どおりにとらえすぎていると考えられる。また，話をしてはいけないのではないかという，相談者の不安を強める方向の応答であるため，相談者のなかにある「話したい」気持ちを止めてしまうことになりかねない。選択肢Bでも述べたように，相談者は機密情報を漏らしてしまうことを心配しているというよりも，会社や社内の人に対してネガティヴなことを述べることについて躊躇を感じている可能性が高い。相談者の感じている気持ちは自然なものであることを保証しつつ，その躊躇も尊重しながら相談者の

ペースで話をしてもらえるように，丁寧に促していくのがよいだろう。(×)

D：相談者が話を進めることを躊躇する気持ちを支持しつつ，「社長に対する相談者の思い」について尋ねる質問をしている。このような表現をすることによって，「社内のことを外部に漏らしてしまっている」という罪悪感を和らげ，あくまで「相談者の気持ちをお聞きしていますよ」というメッセージを暗に伝えて，相談者が話をしやすくしようと試みている。ただし，相談者が話したいことが「社長への気持ち」ではない場合もあるため，ずれていると感じたら，訂正することも大切であろう。(○)

選択問題３

はい。うちの会社は小さいので，やっぱりできることも限られてきて。ちょっと自分の力を試してみたいっていうのもあります。でも，自分は入社当時から面倒をみてもらってきた会社だし，ここでやめてしまっていいのかなという思いもあって。

ええ，簡単に決断できることではないですものね。

そうなんです。難しいです。

でも今，話していて，社長の話はきっかけで，実は転職する決心ができないでいたのかなって思えてきました笑。

転職へお気持ちが向いてきた感じでしょうか。

そうですね。最近，昔の同級生が転職したという話なんかも耳に入ってきていて，自分も何かしないと，と焦っていたのかもしれないです。ちなみに，相談員さんの周りでは転職している人って多いですか？

【あなたの応答を自由に書いてみましょう】

■以下の選択肢のなかから，妥当な応答を選んでください。

A．ええ，実は私も退職後に相談員になったんです。最初は前職とはまったく違う内容で戸惑いましたが，今では楽しくやっていますよ。

B．そうですね，最近は以前に比べて転職される方が多いと感じています。ご自身のキャリアアップのために，という転職も多いようですね。

C．正直なところ，よくわからないのですが，転職をしようというお気持ち，応援していますよ！

D．そうですね。よく耳にします。転職はご自身のことなので，周りのことは気にせず挑戦されるといいと思いますよ！

■解説

A：相談者から尋ねられているため，ある程度は，相談員個人の経験に基づいて応答することもありうる場面である。しかし，選択肢Aの応答は，それに乗じて自己開示をしすぎている。特に後半の文章は，相談者の問いの背景に何があるのかから離れ，相談員自身の気持ちや体験を吐露していて，話の中心が相談員に移行してしまっている。特に健康度の高い相談者の場合には，このような話も受け入れ，聞いてくれることが多いが，相談員の自己満足にならないように，経験に基づいて話す場合にも抽象化した形で伝えるとよいだろう。(×)

B：相談者の問いに対して，相談員の感覚を通した表現で応えている。相談者の転職に対する前向きな気持ちが語られ始めたため，後半の文章で転職のポジティヴな側面についても併せて伝えることで，押しつけがましくない程度に相談者の気持ちを後押ししようと試みている。あくまで一般的な知見として伝えることで，相談員個人が強調されすぎることのない形で，適度な距離感を保った応答がなされていると考えられる。（○）

C：実際に転職に関する知識や情報を持ち合わせていなかったとしても，「わからない」とストレートに伝えてしまうと，相談者の不安を強めてしまうことになりかねない。また，前半でわからないと述べているのに，後半では応援していると言っていて，根拠なく相談者に合わせているような印象を与える。また，相談者にはまだ転職に対する迷いがなくなった状態ではないと考えられるため，安易に応援メッセージを送るのは相談者の気持ちとずれてしまう危険もあるだろう。自分にはわからないと伝える場合にも，SNS相談では，インターネットで昨今の転職者の動向などを検索してみたりすることも可能であるため，「正直なところ，私の周りではあまり聞かないのですが，一つの会社に一生涯，勤続する人の割合は，年々減っているようですね」などと，補完する情報とともに伝えるのがよいだろう。（×）

D：〈よく耳にします〉と一般的な形で相談員の体験を伝えているところはよいのだが，後半の文章には，「相談者は過剰に他人のことを気にしている」という，相談員の解釈が含まれてしまっている。相談者がどのような意図でこの質問をしたのか，この段階でははっきりとわからない。相手の言葉を決め打ちで解釈してしまうと，相談者は意図が伝わっていないと思うだけではなく，批判されているような気持ちになってしまうこともあるので注意したい。（△）

相談の続き

そうですね，最近は以前に比べて転職される方が多いと感じています。ご自身のキャリアアップのためにという転職も多いようですね。

そうなんですね。ありがとうございます。参考になりました。最近，自分が成長しているかわからなくなって不安になっていたかなと思います。

もう少し自分で考えてみたいと思います。また，迷うことがあったら相談に来てもいいですか？

もちろんです。またいつでもお待ちしていますね。

今日は話を聞いていただいて，気持ちが整理できました。ありがとうございました。

こちらこそ大事なことをお話しくださってありがとうございました。それでは終了メッセージをお送りしますね。

〈終了メッセージ〉

8．親からの子育て相談

［宮田智基］

選択問題１

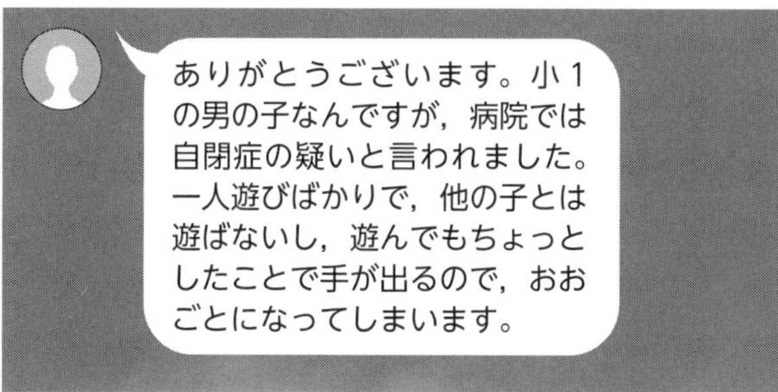

【あなたの応答を自由に書いてみましょう】

■以下の選択肢のなかから，妥当な応答を選んでください。

A．なるほど，手が出てしまうんですね。他にはどんな問題がありますか？

B．お子さんに発達の課題があるのですね。手が出てしまうこともあって，お母さんとしても，気が気でない思いもおありじゃないでしょうか。

C．自閉症の疑いがあって，他のお子さんに手が出ることもあるのですね。お母さんとしても，見ていてハラハラされることも多いと思います。息子さんのことをしっかり理解したいので，息子さんの様子をもう少し教えてもらえますか？

D．それはつらい状況ですね。悩まれることが多いと思います。このことでは，どこかに相談に行かれていますか？

■解説

A：共感的なメッセージがなく，事情聴取のような印象を与えかねない応答である。相談者は，不安や戸惑いを抱えながら相談に訪れていることが多い。そうした相談者の不安に配慮した，共感的な応答が求められる。（△）

B：共感的な応答が含まれているが，この段階で〈お子さんに，発達の課題があるのですね〉と断定するような応答は望ましくないだろう。相談者としても，そのように決めつけられたくないかもしれない。また，相談員が「発達の課題」だと断定的に考えてしまうことで，他の可能性（たとえば，子どもの他の課題，いじめ，児童虐待の可能性など）が考えられなくなってしまうだろう。（△）

C：〈お母さんとしても，見ていてハラハラされることも多いと思います〉という応答は，相談者の気持ちを汲むものになっているだろう。また，〈息子さんのことをしっかり理解したいので〉と伝えることで，相談員が熱意を持って関わろうとしていることが伝わるだろう。相談者の不安を軽減し，安心して話せる雰囲気を作ることにも役立つ応答である。（○）

D：相談状況の確認は重要であるが，すぐにつなごうとするのではなく，まずはどのような状況なのかを聞き取る必要があるだろう。その後で，支援リソースにつなげることを検討すればよい。（△）

選択問題２

自閉症の疑いがあって，他のお子さんに手が出ることもあるのですね。お母さんとしても，見ていてハラハラされることも多いと思います。
息子さんのことをしっかり理解したいので，息子さんの様子をもう少し教えてもらえますか？

ありがとうございます。息子は小さい頃は育てやすく，手のかからない子でした。保育園に入れた頃から，トラブルが増えてきました。今も思ったとおりにならないとパニックを起こし，１時間でも２時間でも暴れ続けます。急に予定が変わったときも同じです。私もしんどくなって，手は出しませんが，怒鳴ってしまって，余計にひどくなったりもします。

お子さんのパニックが続くと，こちらもどうしていいかわからず，気持ちもいっぱいいっぱいになってしまうと思います。
２時間もそうした状態が続くと，途方に暮れてしまうようなお気持ちにもなられるのではないでしょうか。
そういうつらい状況を，支えてくれる人は周りにいますか？

実は，子どもが３歳のときに離婚していて，実家に戻っています。両親もサポートしてくれますが，両親も私もどうしていいかわからない状態です。

【あなたの応答を自由に書いてみましょう】

■以下の選択肢のなかから，妥当な応答を選んでください。

A．あなたとしてもご両親としても，息子さんにどう関わるのがいいのか，とても困っておられるんですね。病院受診もされたようですが，相談できる専門家はいますか？

B．どうしたらよいか，戸惑われるのも無理ないと思います。パニックになっているときは，怒っても「火に油」なので，クールダウンするまで，ケガがないようにだけ見ながら，そっとしておくほうが良いと思います。

C．どうしていいかわからないぐらいのお気持ちなんですね。そのお気持ちを，もう少し話せますか？

D．どうしていいかわからないぐらいの状態なんですね。最近，お子さんがパニックになったときの状況を，くわしく教えてもらえますか？どうするのがよいか，一緒に考えられたらと思います。

■解説

A：母子家庭で祖父母と暮らしており，サポートは得られるものの十分ではなく，お子さんの自閉傾向も強い様子である。相談者は「両親も私もどうしていいかわからない状態」と述べており，専門家によるサポートが受けられるように介入したいところである。すでに医療機関には通っておられるようだが，福祉支援や心理支援も必要であり，そうした支援を相談者がどのように思うかを話し合いたい。(○)

B：お子さんがパニックになったときの対応について助言している。このような助言が役に立つ場合もあるが，気休め程度にしかならないことも多いだろう。相談者は「両親も私もどうしていいわからない状態」と述べており，相談者が長期的なサポートを受けられる体制を整えることのほうが重要であろう。(△)

C：相談者の気持ちに焦点を当て，さらに表現することを促す応答である。「どうしていいかわからない」という気持ちを語るなかで，どのように混乱しているのか，子どもに対してどんな気持ちを感じているのかが語られる可能性もあるだろう。また，実は背景には，元夫への怒りなどが潜んでいたりするかもしれない。しかし，この局面では，「支えてくれる人がいるか」という話題を持ち出した流れを促進するほうが，良いのではないだろうか。(△)

D：お子さんがパニックを起こされたときのエピソードを尋ね，対応についてともに検討する姿勢を示している。エピソードを取り上げることで，お子さんの様子もより具体的に理解できるだろう。しかし，この局面では，支援リソースにつなぎやすい流れになっていたことから，選択肢Aの応答を選択するものとした。(○)

選択問題 3

あなたとしても，ご両親としても，息子さんにどう関わるのがいいのか，とても困っておられるんですね。病院受診もされたようですが，相談できる専門家はいますか？

以前，健診でひっかかり，保健師さんに勧められて病院受診をしたのですが，薬を飲ませることに抵抗感があって，今は行っていないんです。
保健所でも相談できるようですが，健診のときに「お母さんなんだから，しっかりがんばらないと」って言われて，そのとおりなんですが，私のほうがしんどくなってしまって…

健診のときに，そんなことを言われたんですね‥。
ただでさえ，お子さんのことでつらい思いをしているのに，さらにプレッシャーをかけられるようなことを言われて，本当にしんどかったと思います。
「もう十分がんばってるわ！」と言いたくなりますね。

ありがとうございます（笑）。
ホントにそうです（笑）。
自分でも思っていることだったので，人からそう言われると，余計にしんどくなってしまいました。

無理もないお気持ちだと思います。むしろ，あなたがホッと安心して話せる場が必要だと思います。このSNSカウンセリングも，その一つになればと思いますし，また，お近くでも安心して話せる場があればと思います。

そうですね。そういう場所は，私も欲しいです。でも，病院はゆっくり話せないですし，ママ友とも話しますが，障害のことはわかってもらいにくいです。

お子さんの状態を，しっかりわかってくれるところが良いですね。お近くの発達支援センターには，行かれたことはありますか？
保健師さんに加えて，私たちのようなカウンセラーもいることが多いですし，お子さんとの関わり方についてもサポートしてもらえると思います。

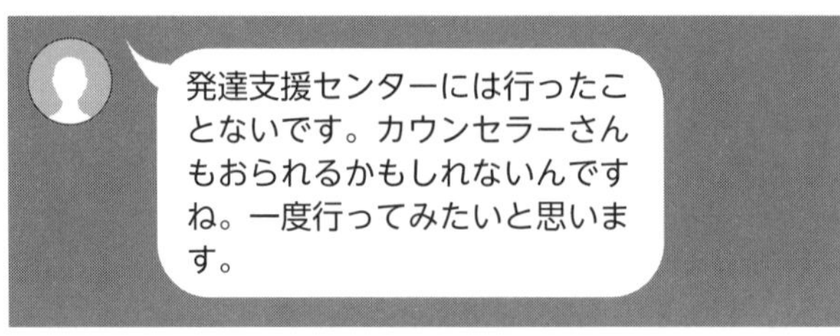

【あなたの応答を自由に書いてみましょう】

■以下の選択肢のなかから，妥当な応答を選んでください。

A．そうですね。是非行ってみてください。今の状態は，とても苦しいと思うので，サポーターを増やしていくことが大切だと思います。

B．安心して話せる場所が，少しでも増えればと思います。こうした相談窓口に行くのにも，かなり勇気がいるように思いますが，何か気になることはありますか？

C．是非，そうした相談窓口も活用していただければと思います。その他には，何か気になることはありますか？

D．是非，お近くの発達支援センターを，インターネットなどで調べていただければと思います。また，お子さんが小学生ですので，スクールカウンセラーにも相談できますが，そうした情報はご存知でしょうか？

■解説

A：発達支援センターにつながることを後押しする応答である。妥当な応答の一つではあるが，相談したい気持ちとともに，相談に行くことへの不安にも配慮したいところである。相談への不安や戸惑いについても話し合えたほうが，相談につながる確率を高められるのではないだろうか。（△）

B：相談窓口に行くことについての不安，または障壁となる事柄があれば，それらを事前に話し合えるとよいだろう。そのなかで，相談への動機づけを高めていくこともできる。SNSカウンセリングは敷居の低い相談窓口であるが，対面カウンセリングなどは依然として敷居が高いことに配慮する必要があるだろう。（〇）

C：この流れでは，「大丈夫です」という応答が返ってきて，クロージングに向かう可能性が高いだろう。クロージングに向かうのは，やや早いように思われるので，お子さんのことでも，それ以外のことでも，何か気になることがあれば相談してもらえばよいだろう。（△）

D：お子さんが小中高生の場合，スクールカウンセラーも有力な支援リソースの一つである。幼稚園にもキンダーカウンセラーが来ていることも少なくない。こうした情報を知らない保護者も多いので，情報提供を行う意義は大きいだろう。（〇）

コラム⑤――姿の見えない相談者を想って

［森脇和世］

私は普段，対面のカウンセラーとして仕事をしています。目の前に相談者の姿を見ながらカウンセリングをしているのです。ですから，SNSを使った相談を始めたばかりのころは，相談者の表情も声のトーンもわからないことが，とても大きな戸惑いとストレスになっていました。

そんなある日，とても印象的な出来事に出くわしました。SNS相談の現場でいつものように相談をしていると，相談者から思いがけない言葉が返ってきたのです。それは「私の言っていること解ってもらえてますか？」です。相談者は相談員である私に，「解ってもらえていない」と感じている。私はこの言葉をそういう意味に受け取りました。この言葉は，相談者が伝えてきた内容を，私なりには適切に要約して伝えた後に返ってきたものだったので，相談者がいったい何を理解してもらっていないと感じているのか，私にはまったくわからなかったのです。

結局，この相談は，相談者のその想いを理解できないままに終わってしまいました。私はそのことが残念でたまりませんでした。それ以来，「私の言っていること解ってもらえてますか？」という相談者の言葉は，私を悩ませる謎として，ずっと私の心の片隅にとどまり続けたのです。

その後，SNS相談を続けるなかで，その言葉の謎について私なりの理解が育ってきました。それは，相談者には，言葉で伝えた気持ちや考えの内容を正確に理解して欲しいという要求だけではなく，その奥に「苦労や頑張りを認めてほしい」という欲求があるのだということです。自分の頑張りを認めてほしいという欲求は，子どもや若者はもちろん，立派な大人であっても，老人であっても，抱いているものです。

あらためて振り返ってみると，対面のカウンセリングにおいては，相談者の頑張りや努力に接したとき，それを肯定し，承認するような反応を自然に返していたと思います。けれども，SNSの相談においては，それがすっぽり抜け落ちてしまっていたのです。どうしてSNSの相談においては，そこが抜けてしまったのでしょうか。相談者の姿が目の前に見えないために，目の前に現れる文字ばかりに目が向いてしまっていたのかなと思います。相談者が書き込む想いや気持ちや出来事など，文字に書かれた内容をできるだけ正確に理解することばかりに目が向いてしまい，その想いや気持ちや出来事などを書き込んでいる相談者という人に目が向いていなかったのです。

SNS相談を始めて４年目の今，私が大切にしている考えがあります。それは，「人から承認されることが，人を変化成長させる基盤になる」ということです。人から認めてもらう体験は，“あなたはひとりじゃない”という体験や，ここでは“何を話しても受けとめてもらえる”という体験につながります。こうした体験は，相談の基礎となる安心感や安全感をもたらすものだと思います。

SNS相談では，相談者の姿が目の前に見えないからこそ，相談員は相談者の姿について想像を膨らませながら相談に向かうことが必要です。そこには対面のカウンセリングとはまた違った新鮮な緊張感があります。

私は，今，SNS相談にとてもやりがいを感じています。SNS相談員として，目の前には決して現れない相談者を想い，その変化成長を願って，これからも日々研磨していきたいと思っています。

第10章 エクササイズ——場面編

はじめに

［畑中千紘］

前章ではエクササイズ「基本編」として，事例の流れに添った応答をするための実践的トレーニングを行ってきた。続く本章では，「場面編」として五つの場面を短く提示する。これらは，SNS相談でよく出会うであろう場面をスポット的に抜き出したものである。多くの相談員が対応に迷うような局面を抽出しているので，応答を考えるのが難しく感じるかもしれない。しかし，実際の相談場面では，「難しい局面だからこそ返信を遅らせるわけにはいかないが，応答を考えるのに時間がほしい」「自分の返答で相談者を怒らせてしまったらどうしよう」などと焦ってしまうものである。短い例でトレーニングを重ねることによって，どのような局面でも，常に客観的視点を保ちながら柔軟な対応ができるように訓練しておくことが重要だろう。

臨床事例は一つ一つの個別性が高く，ある事例での対応を別の事例にそのまま適用することは難しい。そのため，対応にも「これ」といった正解はないわけだが，それは同時に，相談員の学派やキャラクターによって多様な対応がありうるということでもある。特に，精神的な健康度が高い相談者の場合には，相談者の許容度がある程度広いために，相談員側の考え方や個性を比較的自由に表現することができ，またそれが功を奏することも多い。第2章で見てきたように，SNS相談では相手が見えないことから相談員に対して不信感や不安を感じやすくなる傾向があるが，相談員から生身の人間らしさが感じられることで，不安が払拭されることもあるだろう。

一方，本章で取り上げるのは，そのような予断を許さない場面である。専門性の高い相談員であるためには，難しい局面にこそ適切に対応できなければならず，それには相談員の個性以前に，基本的な臨床的姿勢が整っていることが不可欠となる。基本を押さえなければならないので，ある程度共通の対応になりやすいと同時に，相談員の臨床的な力の差が如実に表れてしまうのも，こうした難しい場面の特徴と言える。言葉の選び方にはいつも以上に細やかに気を配る必要もあるだろう。

前章と同様に，まずは自分の応答を自由記述で書いてみて，その応答についてじっくりと考えてみた後，提示された四つの選択肢についても検討してみてほしい。難しい場面では相談員の感情も動きやすいため，感情コンピテンスを高めるための訓練ともなるだろう。

1．緊張感が生じたとき

［畑中千紘］

選択問題――自治体が運営する心の相談窓口への相談

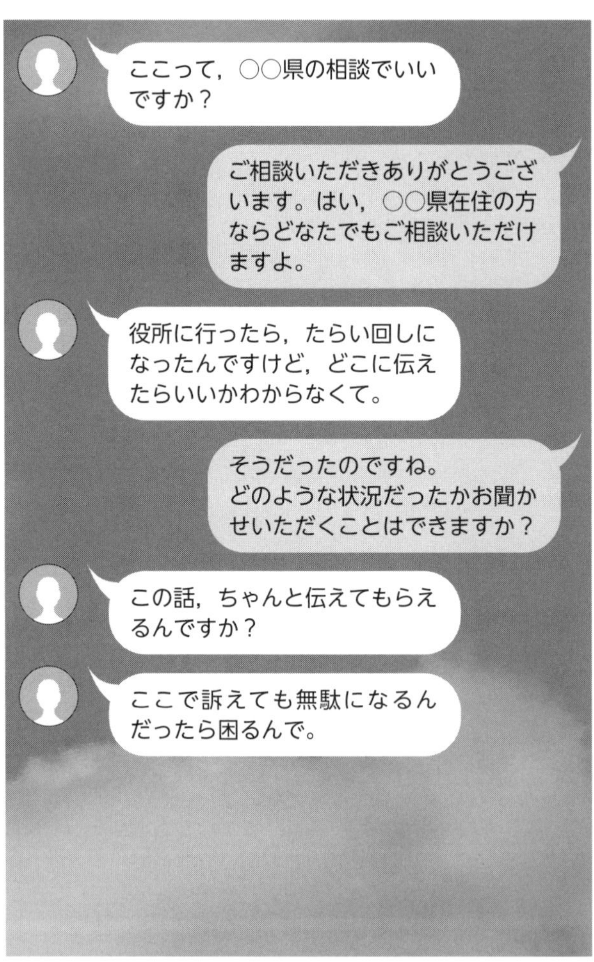

【あなたの応答を自由に書いてみましょう】

■以下の選択肢のなかから，妥当な応答を選んでください。

A．はい，必ずお伝えします。安心なさってくださいね。

B．こちらは心の相談窓口ですので，ご要望を直接お伝えすることはできないのです。ご期待に添えず申し訳ございません。

C．とても大変なことがあったのですね…。

D．そうですね…，申し訳ないのですがお話をうかがってみないとはっきりお答えできないのです。結果的にまたご要望にお応えできないということがあるかもしれないのですが，状況，お気持ちをおうかがいして，少しでもお力になれればと思っております。

■解説

A：自治体の相談窓口であっても，相談員ができる対応の範囲は限られている。この段階では実際に対応可能なことか不明であるため，「必ずお伝えします」などと，相談者の期待を不用意に高めることは適切ではない。すでに“たらい回し”になったという相談者が，ここでも同じ体験をするようなことがないように，この段階で断定的な応答をするのは避けるべきである。切羽詰まった相談の場合には，相談員の側に相手の役に立ちたい，安心させてあげたいという気持ちが湧いてくることがあるかもしれないが，限界を認識しておくことも相談員の責務である。(×)

B：「心の相談窓口」として開設している場合，自治体の運営であったとしても現実に対応できる範囲には限界がある。職務上の限界をはっきり伝える必要はあるという意味で（△）としたが，まだ話の内容を聞いていない段階で「伝えられない」と断定してしまうような応答は（×）に近い応答とも言える。相談者が思い込みが激しく，一方的に無理な要求をするようなである場合には，はっきりと「ノー」を伝える必要があるが，他方で，行政側が実際に不適切な対応をしている場合や，相談者の要望が複雑で一つの窓口では扱いにくい内容であるために，結果的に“たらい回し”となってしまったような場合，相談者の要望が新しい社会課題を反映するものでぴったりの窓口がない場合など，他にもさまざまな可能性が考えられる。相談員側の限界を伝えることもときには重要であるが，ここでもさらに“たらい回し”に遭うのではないかという不安のなかで来談したかもしれない相談者を，門前払いするような対応は避けなければならない。丁寧に話を聞いていくことで，相談者の要望や背景がはっきりしてくる場合も多いため，中立的な姿勢で話ができる場を整えていくことが求められる。（△）

C：一見，共感的応答のようにも見えるが，ここでは相談者の切白した状況に添わない可能性が高いため，適切ではない。特にこの事例では，本題に入る前に確認を求めており，相当に不信感が高まっている状態であると思われる。選択肢Cのような応答は，「きちんと対応してもらえないなら話したくない」という気持ちの相談者に対し，「大変ですねぇ」と他人事のように傍観しているともとらえられかねない。「あなたは私の話をきちんと聞く気があるのか」と，相談員の覚悟が問われているのであるから，相談員も自身に対して「ここで相談者の要望に応えることができるだろうか」と真剣に考えたうえで，言葉を紡ぎ出す必要があるだろう。（×）

D：相談者からの真剣な問いに対して，〈そうですね…〉と相談員も逡巡しつつ，要望に応えられないかもしれない可能性があることを柔らかく伝えている。要望に応えられるかどうか，今の段階では断定できないとして，こちらの限界を伝えながらも，「あなたの話をきちんと聞いて一緒に考えたい」「できることがあれば力になりたい」というメッセージが伝わるように応答している。相談者はさまざまな思いを抱えており，相談の場に対しても十分に安心できていないことが推察されるため，まずは少しでも信頼して話をしてもらえるように努めることが重要である。主任相談員のような立場の人がいる現場の場合には，一人で抱えずに相談しながら対応を考えることも必要だ。このような場面では，相談員も迷いながら言葉を選ぶことになるが，相談者と向き合う覚悟があることを伝えられるような応答ができるように心がけたい。（○）

相談の続き

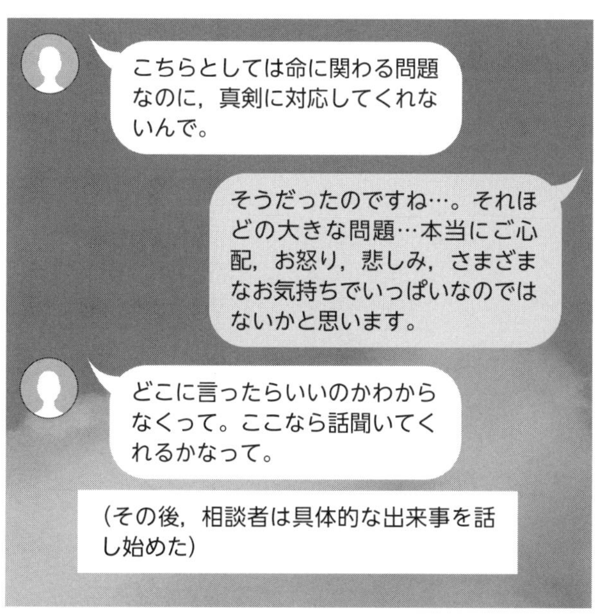

■ポイント

SNS相談員であれば誰しも，緊張感が高まる場面を経験することであろう。このような場面では，相談員自身が不安や焦りを感じたり，相談者の言葉が侵襲的で怖いものと体験されたりして，普段ならしないような応答を返してしまうようなことも起こりやすい。そのようなとき，「今，自分が感じている不安や焦りは，相談者が感じているものなのではないか」と想像してみると少し余裕を持つことができる。

もちろん，相談者の本当の気持ちは計り知れないものだが，相談者が攻撃的になったり，無理な要求を突きつけてくる場合には，相談者自身が理不尽な体験をして不安，不信などに苛まれている可能性が高い。相談者が他者の言葉を誤解している場合，相談者に他者への強い不信感があって誰の言葉も受け入れられない場合，器質的要因から衝動性が高い相談者である場合など，さまざまな場合が考えられるが，相談員はそのつど，相談者の話を丁寧に聞きながら，言葉の背景にある気持ちや状況をとらえる必要がある。

相談場面で常にピリピリする必要はないが，身をかけて来談した相談者に真剣勝負で向き合う覚悟を持っていることは重要だ。

2．反応がよくないとき

［樋口隆弘］

選択問題

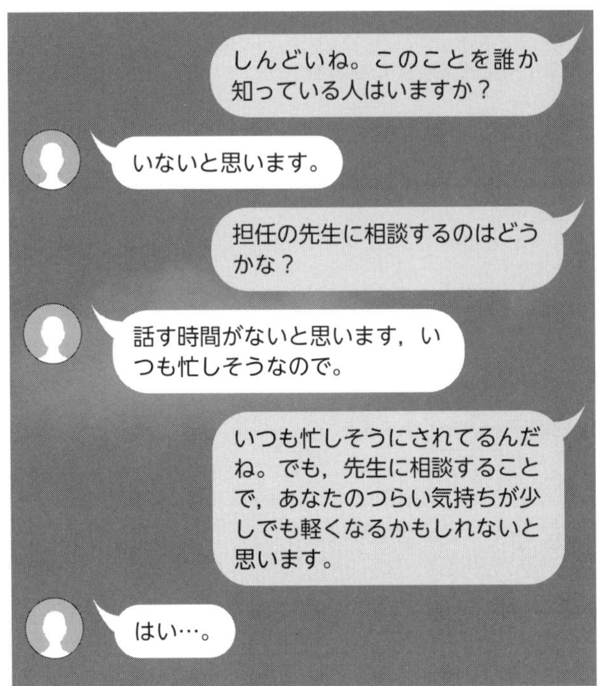

【あなたの応答を自由に書いてみましょう】

■以下の選択肢のなかから，妥当な応答を選んでください。

A．みんなの前では話しかけにくいだろうから，職員室に話に行くのはどうだろう？

B．担任の先生が話しにくければ，保健室の先生はどうかな？

C．いつ，誰にだったら，少しでも話せるイメージが思い浮かぶかな？

D．何か気になることや，心配なことがありますか？

■解答

A：相談員の提案に対して，相談者は「はい…」のようにためらいが見られる。この「…」を見逃してはならない。にもかかわらず，相談員の提案を相談者が同意したものとして話を進めてしまっている。これは，相談員がよかれと思って話を進め，相談者を置き去りにしている典型的な例である。(×)

B：この応答は，担任の先生に話すことにためらいがある可能性には気づいており，保健室の先生という選択肢も提示している。ただ，相談者のためらいが，担任の先生に話すことに対してだけかどうかはまだわからない。相談員は，相談者が誰かに話すことに同意しているかどうかもまだわからない段階で，たとえ担任以外の先生であっても，誰かに話すことを勧めてしまっていることから，陰口を言われていることを誰かに話したほうがよいということを，前面に出しすぎてしまっている。(△)

C：この応答も，相談員の提案に対して相談者が同意したものとして話が進んでいる。ただし，相談者がためらいを持っていることは理解しているうえで，誰かに話したほうが相談者のためになるという思いから，あえて話を進めている自覚があるのであればよい。その自覚があれば，この応答後にさらに相談者がためらいや拒否の姿勢を見せたときに，引くこと（相談者のペースに合わせること）ができるからである。具体的に，いつ・誰に話すかということを相談員が提案するのではなく，相談者にイメージしてもらうことで，実際に行動を起こしやすくする効果もある。(△)

D：相談者の「はい…」というためらいの応答を流すことなく，このまま話を進めてもいいかを確認している。また，相談員の提案を同意したわけではないという相談者の思いを，相談員が理解していることを伝えることにもなる。相談者のためらいは，担任の（学校の）先生には話したくない，そもそも誰かに話すということをしたくない，その背景には過去に話しても意味がなかった，状況が悪化した，などがあるかもしれない。そのような相談者の思いを聴く前から，相談員が解決に向けた提案をしても受け入れられることは少ない。

この応答に対して，「大丈夫です」や「別に」という応答が返ってきた場合は，「『はい…』という返事があったので，誰かに話すということに対して何か気になることや，心配なことがあるのかなと思って確認しました」と，この応答の意図をあらためて伝えてもよい。相談員の応答の意図を具体的に言葉にして伝えることで，相談者も自身の思いを言語化してくれることがある。（○）

相談の続き

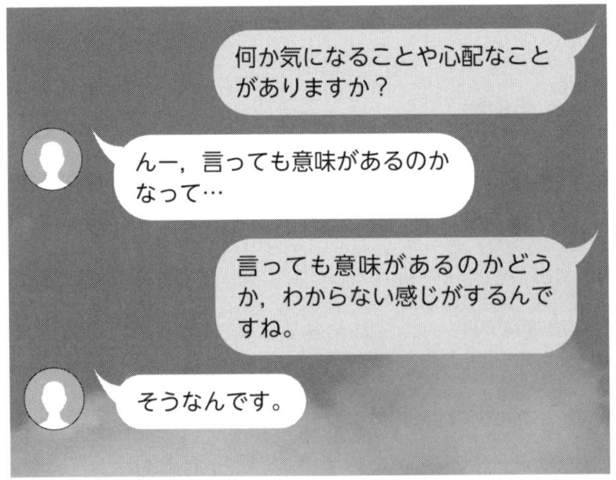

3．沈黙が続くとき

［鈴木優佳］

選択問題

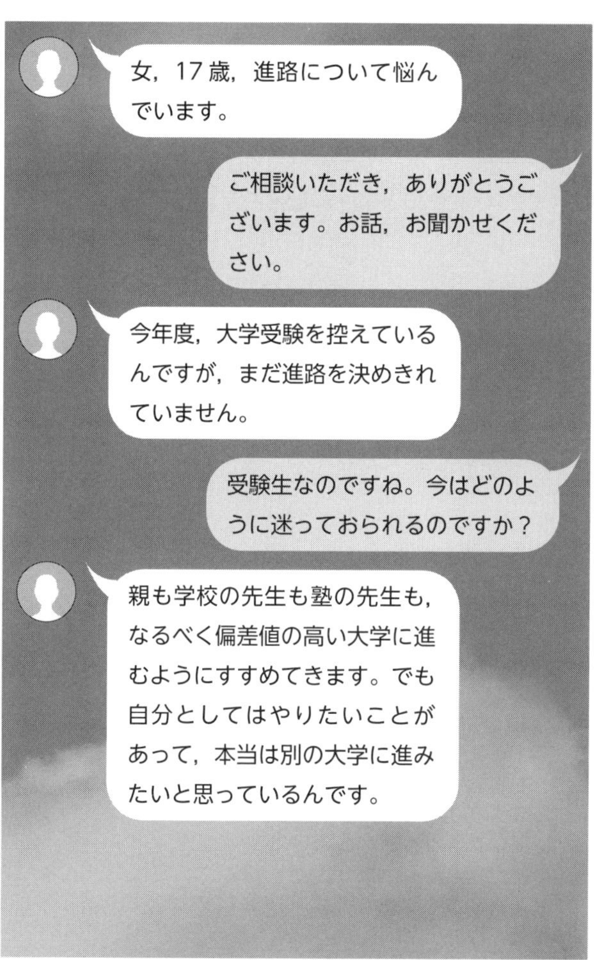

そうなのですね。周りの大人の言う意見と，あなたの本当の気持ちとが違っている状態なのですね。

はい。親は，将来就職に有利なところに絶対に進むべきだと言っていて。将来のことを言われると不安になって，そのほうがいいのかなって気持ちが揺らぎます。

それで高校生でも相談できる場所があると知って，ここに相談してみようと思いました。

そうだったのですね。お越しいただけてよかったです。ぜひお気持ちをお話くださいね。

（10 分間お返事がない状態が続く）

【あなたの応答を自由に書いてみましょう】

■以下の選択肢のなかから，妥当な応答を選んでください。

A．お答えになりにくい質問だったでしょうか？ それでは，他にいくつか質問させてください。あなたが本当に進みたいと思っている進路先は，どのような大学なのですか？ また，あなたの気持ちを親御さんは知っているのでしょうか？

B．しばらくお話がありませんが，ご都合が悪くなりましたでしょうか？このままおつなぎしてお待ちしておりますね。

C．「将来のことを言われると不安になって」とおっしゃっていましたが，先のことは誰にもわからないので不安になるのもよくわかります。そのあたりのお気持ちのことでもかまいませんし，どのようなことからでもかまいませんので，どうぞご自由にお話しくださいね。

D．お返事がないようですので，今日は相談を終わりにさせていただきますね。また次回にお越しください。〈終了メッセージを送る〉

■解説

A：相談者からの返信が途切れ，沈黙が続く場面では，相談員は何か良くないことを言ってしまったのではないか…という不安にかられることがある。SNSでのやり取りにおいては，お互いの顔が見えず，相手が今何をしているのかわからないので，対面上のカウンセリングよりもこうした不安が引き起こされやすいことを認識しておく必要がある。こうした場面では，相談員の不安からあれこれと質問を投げかけてしまうことが多いが，注意が必要である。相談者からすると，応答しづらくて沈黙している場合には，余計に言葉を述べづらくなってしまい，また単に離席していた状態であればその間に複数の質問が投げかけられていると返答がしづらくなってしまうためである。（×）

B：こうした場面では，あれこれと質問を投げかけすぎず，さまざまな可能性に思いをめぐらせながら，この選択肢のように「このままお待ち

しますね」と待つ姿勢を取ることがよい場合が多い。(○)

C：こうした場面では，選択肢Bのように，シンプルに応答の言葉をかけて相談者を待つことも一つの案として考えられる。ここでは，相談者の言葉を引用して話の本題を戻しつつ，それにとらわれずに自分の話したいことを自由に話せることも保証をしながら，待つ姿勢を取っている。(○)

D：相談受付終了時間まで充分に残り時間がある場合には，相談者からの返信がない時間が10分程度であれば，こちらから終了をしないことが望ましい。この後の展開を見ると，この相談者は，実は食事のために相談を離れていただけであったことがわかる。特に，夕方から夜にかけて行う相談事業の場合には，食事や入浴の時間と重なることが多いため，相談員は早計な判断でこちらから相談終了の手続きをしないほうがよいだろう。(×)

相談の続き

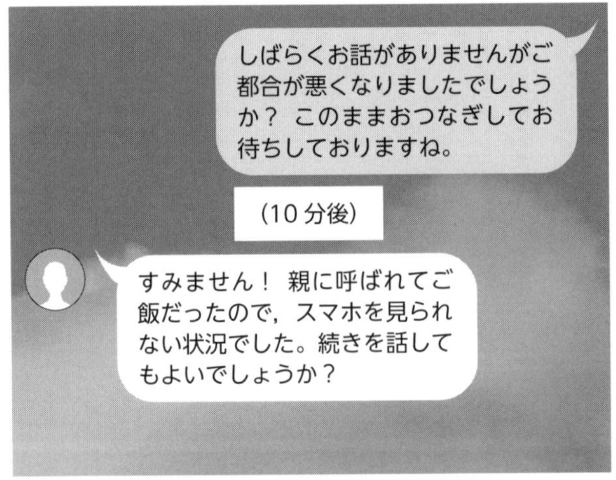

そうだったのですね。はい，お話しやすいところからで大丈夫ですので，ご自由にお話くださいね。

4. 十分な展開が開かれないまま終わるとき

［鈴木優佳］

選択問題

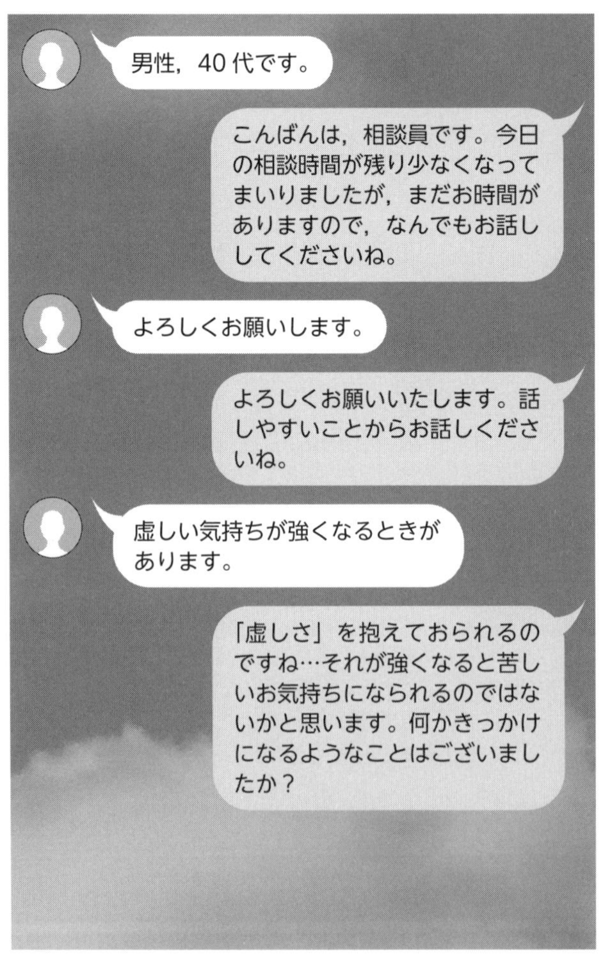

特に何かがあったわけではないのですが，毎日仕事に行って帰ってきて，食事をとって，疲れ切って眠る毎日で，虚しく感じます。

何か趣味があればいいのですが，そういうものもないですし。周りと違って，私は結婚もしていませんし，子どももいません。代わり映えのない毎日なのです。

その虚しさとの付き合い方を考えていきたいと思っていらっしゃる…

はい。こんなことを話せる人もいないので，マイナスなことばかり考えてしまいます。

そうだったんですね。自分のなかだけで考えていると，どんどんとマイナスになってしまいますよね。お気持ちお察しします。

ありがとうございます。そんなわけで気持ちがしんどくなる日がたまにあります。

(ここで残り時間が 10 分ほどになってしまう)

【あなたの応答を自由に書いてみましょう】

■以下の選択肢のなかから，妥当な応答を選んでください。

A．（残り時間のことは直接的にはお伝えしないが，時間を意識して話を続けようと思う。）そういう日が続くと気持ちも沈んでいってしまいますよね。時間いっぱいまでここでお話をして，少しでも気持ちを吐き出していってくださいね。

B．今日の相談時間が残りわずかです。もっと長くお話をうかがいたいので，次回はもう少し早めにお越しくださいね。

C．（深刻な話が出てきていて心配なので，多少時間を延長しても話を聞こうと判断し，次の提案をする）気持ちがしんどくなる日があるのですね。そんなあなたがとても心配なので，もう少し詳しくお話を聞かせていただけますか？

D．今日はしんどいという心の声をお話しいただき，ありがとうございました。まだまだお話ししたいと思っておりますが，残り時間があと少しになってしまいました。残り10分程度ですが，最後までお話お聞かせくださいね。一緒に心が少しでも軽くなる方法を考えていきたいと思っております。

■解説

A：この場面のように，相談受付時間の間際に相談が始まり，十分な展開がないまま終了時間になってしまうことは，SNSカウンセリングではありうることである。こうした場面では，残り時間を伝えるべきか否か，あるいはどのように終了すべきかといったことが頭によぎりながら，相談員は話を聞いていくことであろう。この選択肢では，やり取りの流れをさえぎらない形で，残り時間が迫っていることを伝えようと工夫をしている対応である。(○)

B：残り時間の目安を伝える場合には，相談者とのやり取りを崩さないような伝え方の工夫が必要である。特に，相談を始めたばかりの時点では，相談員と相談者との間には，十分な信頼関係が育まれていない場合も多い。このような場面で，この選択肢のような伝え方をすると，相談員の都合で応答をしているようにも聞こえ，相談者にとってはやや突き放された印象を持つ可能性がある。また，終了間際の時間帯にしか相談に来られない事情を抱えている相談者もおられるため，「次はもう少し早めにお越しください」といった言葉も，注意が必要である。(×)

C：命に危険が迫る場合などの緊急時には，時間を延長してでも対応せねばならない場合もありうるが，相談員の不安によって安易に時間の延長を許容してしまうことはあまり望ましくない。終了間際の段階でさらに話題を広げるのではなく，時間内に収められる範囲で今回の相談を終え，次回の相談開室日にお越しいただけるように，丁寧に関係をつなぎ終了をするという判断をまずは行うほうがよいだろう。(×)

D：終了時間の間際に相談に来られた場合，相談者側もおおよその時間の目安を知らせてもらうことで，どの範囲でどの程度の内容を話すかという判断をすることにつながり，このようなことが相談者を守る枠の機能を果たすことにもなりうる。そのため，場面によっては，このように残り時間を言葉にすることが有効な場合もある。このとき，終了時間まではお話をお聞きするということを，同時に保証するような工夫も必要である。(○)

相談の続き

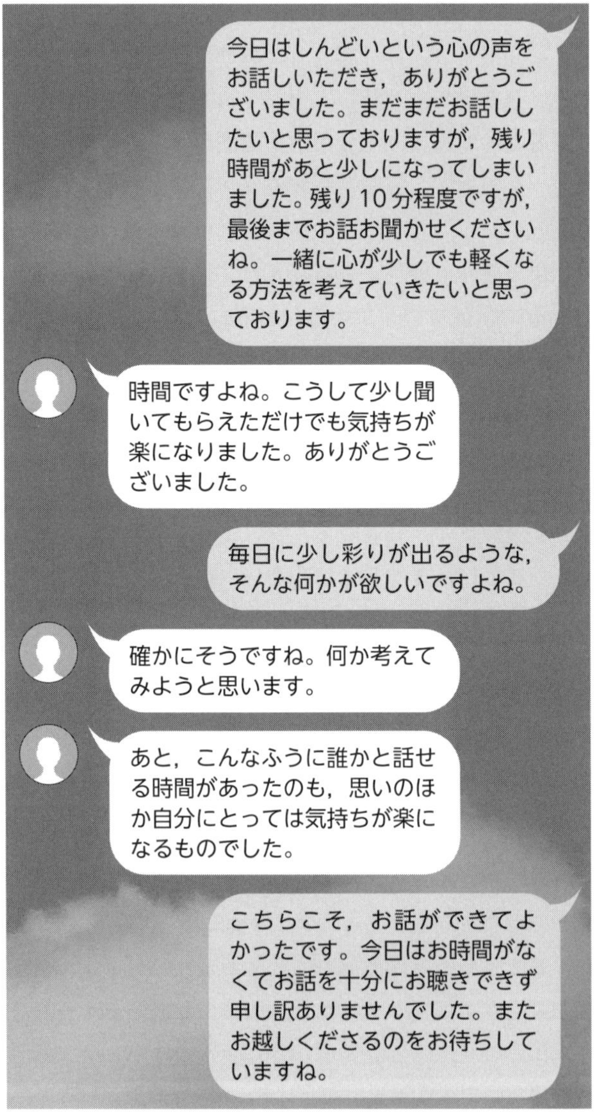

今日はしんどいという心の声をお話しいただき，ありがとうございました。まだまだお話ししたいと思っておりますが，残り時間があと少しになってしまいました。残り 10 分程度ですが，最後までお話お聞かせくださいね。一緒に心が少しでも軽くなる方法を考えていきたいと思っております。
時間ですよね。こうして少し聞いてもらえただけでも気持ちが楽になりました。ありがとうございました。
毎日に少し彩りが出るような，そんな何かが欲しいですよね。
確かにそうですね。何か考えてみようと思います。
あと，こんなふうに誰かと話せる時間があったのも，思いのほか自分にとっては気持ちが楽になるものでした。
こちらこそ，お話ができてよかったです。今日はお時間がなくてお話を十分にお聴きできず申し訳ありませんでした。またお越しくださるのをお待ちしていますね。

5．終了への抵抗があるとき

［樋口隆弘］

選択問題

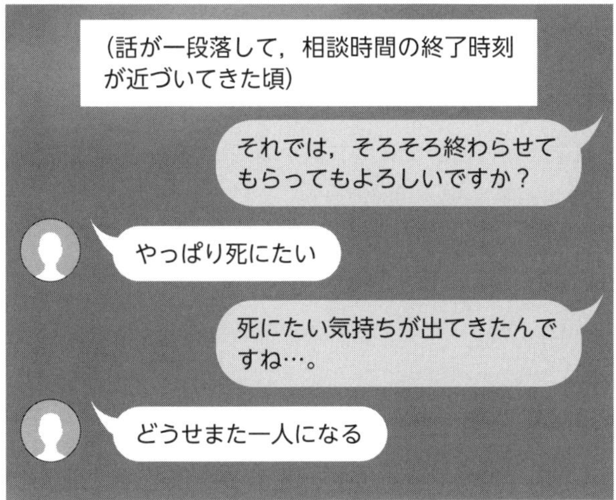

【あなたの応答を自由に書いてみましょう】

■以下の選択肢のなかから，妥当な応答を選んでください。

A．その気持ちについて，もう少し教えてもらってもいいですか？

B．相談が終わると，寂しい気持ちが出てきますね。

C．申し訳ございません。もう終了時間になるので，明日以降にお話を聞かせていただきたいです。

D．相談が終わっても，相談員はあなたのことを考えているので，一人ではないですよ。

■解説

A：相談内容が一段落してから，終了時間が近づいている（終了時間を過ぎている）場面で，死にたい気持ちや孤独感に焦点を当ててオープンクエスチョンをすることは適切ではない。というのも，このように質問をすることで終了時間を大幅に過ぎてしまうだけではなく，死にたい気持ちや孤独感を時間の問題で充分に扱いきることができずに，余計に死にたい気持ちや孤独感を強めてしまう可能性があるからである。（×）

B：選択肢Aのようにオープンクエッションで聞くわけはなく，あえて共感にとどめている。死にたい気持ちに加えて孤独感といった，新たな気持ちが出てきていることもあり，ここで事務的に終了させてしまうのは，死にたい気持ちや孤独感を強めてしまう可能性がある。そのため，相談終了に伴う死にたい気持ちや孤独感への共感を示しつつも，話を広げることなく，終了に向かうようにする意図が見られる。（○）

C：終了時間になっているとき，終了時間を過ぎているときは，相談員としても焦りが出る。そのため，選択肢Aのように質問する前から終了することは，ある意味，時間的に中途半端に相談が終わってしまうことを防いでいる。ただし，選択肢Bでも述べたように，死にたい気持ちに加えて孤独感も表出されていることから，もう少し共感的な応答があってもよい。（△）

D：この応答は無責任で，相談員の自己満足的なものである。というのも，この応答によって，相談者の死にたい気持ちや孤独感が軽減する可能性が読めないからである。もちろん，この応答を受けて安心する相談者もいるだろうが，現実的にはつながっていないのだから，それこそ相談者が言うように「どうせ一人になる」という思いが強くなり，相談者を傷つけてしまうかもしれない。相談員の自己満足というのは，この応答を伝えることで，「この相談者はもう大丈夫」と相談員が勝手に解釈してしまうことである。相談者を傷つけてしまう可能性がある言葉を，相談員の自己満足のために用いるべきではない。（×）

相談の続き

待ってますね。それでは，〈終了メッセージ〉を送ります。

〈終了メッセージ〉

おわりに

本書は，誠信書房の「SNSカウンセリング・シリーズ」の３冊目にあたります。

１冊目の『SNSカウンセリング・ハンドブック』では，全国SNSカウンセリング協議会が定めた「SNSカウンセラーの能力要件」をもとに，SNSカウンセラーに求められる知識・技術を網羅することを目指しました。

２冊目の『SNSカウンセリング・ケースブック』では，SNSカウンセリングの実際を示すことを目的に，多様なケース記録を掲載しました。いわば，「SNSカウンセリングの逐語記録集」であり，介入の意図や工夫なども詳細に解説しています。

３冊目となる『SNSカウンセリング・トレーニングブック』では，SNSカウンセリングに携わる相談員のスキルアップを目的としており，SNSカウンセリングの質の向上を目指しました。本書は，事例素材をもとにした応答技法エクササイズを中心とした構成となっており，各局面に最適と思われる応答を文字にして書き入れることで，自らの応答パターンが明確になっていくものと期待されます。

SNSカウンセリングでは，対面カウンセリング以上に「カウンセリング力」が求められます。姿の見えない相談者との文字によるやり取りから，相談者がどのような人で，今，どのような心理状態にあるのかをアセスメントしていきます。私の主観的体験としては，相談者の体験世界に思いをめぐらせ，そこに潜り込み，あたかも「ダイブ」するような感覚です。「想像力」と「アセスメント力」が求められるのです。

そして，相談者のアセスメントをもとに，多種多様な臨床心理学的介入を行っていきます。SNSカウンセリングでは，傾聴のみでの支援は難しいでしょう。たとえば，認知行動療法アプローチ，感情促進的アプローチ，システムズ・アプローチ，解決志向アプローチ，支援リソースとの連携，現実的助言，情報提供など，「統合的な心理支援力」が求められます。

また，SNSカウンセリングでは，「質問力」が問われます。相談員が知りたいことを尋ねるのではなく，相談者が話したいであろうことを自由に話せるように質問をしながら，しかもアセスメントのための情報収集もしていく必要があります。質問は，対話を方向づける介入です。より良い展開が期待できる方向に，道が開かれる方向に質問をしていく力が求められます。

現場では，初心の相談員ほど，道が狭くなる方向に質問をしがちで，自ら袋小路に迷い込んでしまうことも少なくありません。たとえば，相談者から「薬をたくさん飲みました」と言われると，〈あなたがとても心配です。すぐにご家族にお薬を飲まれたことを知らせてもらえますか？〉〈家族がおうちにいないなら，救急車を呼んだほうが良いと思います〉といった応答をすることがあります。「はい，わかりました。家族に相談してみます（救急車を呼びます)」という返答は，まずないでしょう。そして，家族に言うか言わないかなどをめぐって綱引き状態に陥り，相談を停滞させてしまいがちです。

どのような介入をしたら，どのような応答が返ってきそうか，ある程度の「予測力」が求められます。これは，対面カウンセリングでも同様ですが，SNSカウンセリングではそれがより顕著になります。そのうえで，相談者から予想外の応答が返ってきた際に，その思いがけないものに寄り添う力，自分の介入が悪循環を招いていると気づけば，良循環を生み出す他の介入を柔軟に模索する力が求められます。

こうした「カウンセリング力」は，臨床経験のなかで養われるものでしょう。しかし，誰もがはじめは初心者です。駆け出しの時期があることは避けられません。本書では，応答技法エクササイズに取り組むことで，疑似的に臨床経験を積むことができます。本書には，各執筆者の臨床経験から得られた知見や工夫が集められています。応答技法エクササイズの各局面で，自分ならどのような応答をするのか，現場でのスピード感を意識しながらも，しっかりと考えて書き出していただきたいと思います。こうした作業は，べテランの相談員にとっても，自らの応答パターンを見直し，対応のレパートリーを広げることに役立つでしょう。

最後になりましたが，SNSカウンセリング・シリーズの出版に際して，誠信書房の中澤美穂氏に大変お世話になりました。本シリーズが生まれたきっかけは，私が取材を受けたSNSカウンセリングに関する新聞記事を読んだ中澤氏が，私に手紙を下さり，執筆を勧めて下さったことにあります。このような貴重な機会を与えて下さった中澤氏に，あらためて厚く御礼申し上げます。

本シリーズが，現場で日々苦闘する相談員のトレーニングに役立ち，ひいては相談者の福祉に貢献することを切に願います。

2022年 2 月

宮田智基

■編著者紹介

杉原保史（すぎはら　やすし）

1989年　京都大学大学院教育学研究科博士課程単位取得退学

現　在　京都大学学生総合支援機構教授，教育学博士，公認心理師，臨床心理士

主著書　『プロカウンセラーの共感の技術』創元社　2015年，『キャリアコンサルタントのためのカウンセリング入門』北大路書房　2016年，『ポール・ワクテルの心理療法講義』（監訳）　金剛出版　2016年，『心理カウンセラーと考えるハラスメントの予防と相談』北大路書房　2017年，『SNSカウンセリング入門』（共著）北大路書房　2018年，『統合的心理療法と関係精神分析の接点』（監訳）金剛出版　2019年，『SNSカウンセリング・ハンドブック』（共編著）誠信書房　2019年，『SNSカウンセリング・ケースブック』（監修）誠信書房　2020年，『SNSカウンセリングの実務』（監修）日本能率協会マネジメントセンター　2021年，『心理療法統合ハンドブック』（共編）誠信書房　2021年　ほか

宮田智基（みやた　ともき）

1999年　関西大学大学院社会学研究科博士課程前期課程修了

現　在　帝塚山学院大学大学院教授，公益財団法人関西カウンセリングセンター非常勤講師，公認心理師，臨床心理士

主著書　『SNSカウンセリング入門』（共著）北大路書房　2018年，『SNSカウンセリング・ハンドブック』（共著）誠信書房　2019年，『対人関係精神分析の心理臨床』（共著）誠信書房　2019年，『SNSカウンセリング・ケースブック』（共編著）誠信書房　2020年

畑中千紘（はたなか　ちひろ）

2008年　京都大学大学院教育学研究科博士課程単位取得退学

現　在　京都大学大学院教育学研究科附属臨床教育実践研究センター准教授，教育学博士，公認心理師，臨床心理士

主著書　『話の聴き方からみた軽度発達障害』創元社　2011年，『発達障害への心理療法的アプローチ』（共著）創元社　2010年，『大人の発達障害の見立てと心理療法』（共著）創元社　2013年，『発達の非定型化と心理療法』（共著）創元社　2016年，『SNSカウンセリング・ハンドブック』（共著）誠信書房　2019年，『SNSカウンセリング・ケースブック』（共編著）誠信書房　2020年

樋口隆弘（ひぐち　たかひろ）
2017年　関西医科大学大学院医学研究科医科学専攻発達小児科学博士課程修了
現　在　関西医科大学総合医療センター小児科心理士，大阪総合保育大学大学院非常勤講師，医学博士，公認心理師，臨床心理士，保育士，アニマルセラピスト，アロマハンドセラピスト
主著書　『SNSカウンセリング・ケースブック』（共編著）誠信書房　2020年，『子どもの発達検査の取り方・活かし方』誠信書房　2021年，『不登校の理解と支援のためのハンドブック』（共著）ミネルヴァ書房　2022年

鈴木優佳（すずき　ゆうか）
2018年　京都大学大学院教育学研究科臨床教育学専攻博士課程修了
現　在　京都大学人と社会の未来研究院特定助教，博士（教育学），公認心理師，臨床心理士
主著書　『聴き手のこころの動きから見る心理臨床の専門性』創元社　2019年

■著者紹介（執筆順）

【はじめに，第１章，第３章，第４章，第９章３】
杉原保史（すぎはら　やすし）
〈編著者紹介参照〉

【コラム①】
内藤みなみ（ないとう　みなみ）
関西医科大学大学院医学研究科医科学専攻精神神経科学講座在籍，公認心理師，臨床心理士

【第２章，第６章，第９章７，第10章はじめに，第10章１】
畑中千紘（はたなか　ちひろ）
〈編著者紹介参照〉

【コラム②】
水野鮎子（みずの　あゆこ）
京都大学大学院教育学研究科博士後期課程在籍，公認心理師，臨床心理士

【第５章，第９章はじめに，第９章６，第９章8，おわりに】
宮田智基（みやた　ともき）
〈編著者紹介参照〉

【コラム③】
花木敬子（はなき　けいこ）
Kei'sカウンセリングオフィス代表，公益財団法人関西カウンセリングセンターSNS相談主任相談員，学生相談室カウンセラー，公認心理師，２級キャリアコンサルティング技能士

【第７章，第９章１，第９章４，第10章２，第10章５】
樋口隆弘（ひぐち　たかひろ）
〈編著者紹介参照〉

【コラム④】
長谷雄太（ながたに　ゆうた）
京都大学大学院教育学研究科特定助教，公認心理師，臨床心理士

【第８章，第９章２，第９章５，第10章３，第10章４】
鈴木優佳（すずき　ゆうか）
〈編著者紹介参照〉

【コラム⑤】
森脇和世（もりわき　かずよ）
ハートケアライフ代表，生きづらさ回復専門心理カウンセラー，公益財団法人関西カウンセリングセンターSNS相談主任相談員

SNS（えすえぬえす）カウンセリング・トレーニングブック

2022年3月25日　第1刷発行
2023年7月15日　第2刷発行

編著者　杉原保史
　　　　宮田智基
　　　　畑中千紘
　　　　樋口隆弘
　　　　鈴木優佳

発行者　柴田敏樹
印刷者　藤森英夫

発行所　株式会社　誠信書房
〒112-0012　東京都文京区大塚3-20-6
電話　03(3946)5666
https://www.seishinshobo.co.jp/

印刷／製本　亜細亜印刷㈱　　落丁・乱丁本はお取り替えいたします
ISBN978-4-414-41685-5　C3011　　Printed in Japan